••• Títulos relacionados

IFCD0210 DESARROLLO DE APLICACIONES CON TECNOLOGÍAS WEB

[DISPONIBLE CERTIFICADO COMPLETO]

Solicítalos en:
- Librería
- www.paraninfo.es
- Solicitudes nacionales +34 914 463 350
- Solicitudes fuera de España +34 913 308 907, +34 913 308 919

Implantación de aplicaciones web en entorno internet, intranet y extranet

MF0493_3

José Venancio Talledo San Miguel

© 2025 Ediciones Paraninfo, S. A.
© 2025 José Venancio Talledo San Miguel

Maquetación: Ediciones Nobel
Impresión: Liberdigital (Casarrubuelos, Madrid)

ISBN: 978-84-283-6607-6
Depósito legal: M-4167-2025

Impreso en España

Autor

José Venancio Talledo San Miguel es profesor técnico del cuerpo de Sistemas y Aplicaciones Informáticas. Tiene dilatada experiencia en la enseñanza en ciclos formativos superiores y de grado medio, tanto en su modalidad presencial como a distancia, y actualmente ejerce su labor docente en el IES Alisal de Santander (Cantabria), dentro del departamento de Informática.

Además, ha participado en la elaboración de materiales didácticos para el Ministerio de Educación y Ciencia dentro del ciclo de Administración de Sistemas Informáticos en Red (ASIR), y ha realizado cursos de formación para el profesorado a través de los centros de profesores de Baleares y Cantabria, dirigidos tanto al profesorado en general como al específico de informática en el ámbito de Internet, sistemas operativos y programación.

Índice

6. Verificación de aplicaciones web

Introducción normativa

La Ley Orgánica 3/2022, de 31 de marzo, de ordenación e integración de la Formación Profesional, contiene una disposición derogatoria única que afecta a la regulación de los certificados de profesionalidad, ahora denominados **Certificados Profesionales.** La referida normativa deroga la Ley Orgánica 5/2002, de 19 de junio, de las Cualificaciones y de la Formación Profesional, y abre un escenario de cambios que se irán implementando progresivamente.

La Ley Orgánica 3/2022, de 31 de marzo, de ordenación e integración de la Formación Profesional implica que toda la formación es acumulable. La oferta formativa se estructura de forma escalonada, siendo los Certificados Profesionales un nivel intermedio (Grado C) de una escala que va desde el Grado A hasta el E.

En los artículos 35 a 38 de la Ley 3/2022 se describe en qué consisten estos Certificados Profesionales: su oferta, formación asociada, estructura, duración, acceso, titulación y validez. Posteriormente, esta normativa se completa con lo dispuesto en el Real Decreto 659/2023, de 18 de julio, que desarrolla la ordenación del sistema de Formación Profesional. Concretamente en los artículos 67 a 81 es donde se hace referencia a la oferta formativa de Grado C, correspondiente a los Certificados Profesionales.

Están agrupados en 26 familias profesionales con características comunes del sector. En la actualidad hay más de medio millar de Certificados Profesionales incluidos en el Repertorio Nacional. Esta cifra no deja de crecer. Además, cada certificado está específicamente regulado por un real decreto.

Un Certificado Profesional corresponde al Grado C de la oferta del Sistema de Formación Profesional. Es un documento oficial, con validez en todo el territorio nacional y debe constar en el Catálogo Nacional de Ofertas de Formación Profesional, que certifica la capacitación para el desarrollo de una actividad profesional.

Debe detallar los módulos profesionales superados y los estándares de competencia profesional asociados a él e incluidos en el **Catálogo Nacional de Estándares de Competencias Profesionales**, así como su correspondencia con el Marco Español de Cualificaciones.

Despliegan su validez en un doble ámbito, laboral y académico:

- En el contexto laboral tienen validez profesional, porque acreditan las competencias en una determinada profesión. Para poder trabajar en algunas profesiones, se exigen determinadas cualificaciones, y los certificados sirven para acreditarlas.

- Asimismo, tienen validez académica, puesto que permiten continuar un itinerario formativo siempre que se cumplan los requisitos de acceso para cursar la titulación deseada. De tal modo que, los Certificados Profesionales que sean parte de un Grado D permitirán la matrícula modular para completar los módulos establecidos en el currículo y obtener el correspondiente título de técnico básico, técnico o técnico superior con validez en todo el territorio nacional.

Para obtener un Certificado Profesional (Grado C) es preciso cumplir con los requisitos de acceso para realizar la formación.

Estructura de los Certificados Profesionales

I. Identificación: denominación, familia y área profesional a la que pertenecen; nivel de cualificación profesional (1, 2 o 3); cualificación profesional de referencia; entorno profesional y módulos formativos que esté previsto cursar junto con la duración de cada uno de ellos.

II. Perfil profesional: incluye las competencias profesionales requeridas en el mercado laboral. En todas ellas se concretan las realizaciones profesionales y los criterios de realización.

III. Formación: describe los módulos formativos que esté previsto cursar para adquirir las competencias requeridas. En cada uno de ellos se indican las capacidades que se pretende alcanzar y la duración del módulo de prácticas no laborales —PNL—, para el que cabe solicitar exención si se cumplen determinados requisitos.

IV. Prescripciones de las personas formadoras.

V. Requisitos mínimos de espacios, instalaciones y equipamiento.

Los Certificados Profesionales se identifican con una denominación concreta y un código alfanumérico propio, y sirven para acreditar una determinada cualificación profesional. Cada certificado está asociado a una relación de unidades de competencia que, a su vez, se vinculan con una serie de módulos formativos específicos. Algunos módulos están integrados por unidades formativas y tanto unos como otras son, en ocasiones, transversales, lo que significa que se trata de contenidos incluidos en más de un Certificado Profesional.

Los Certificados Profesionales se articulan en tres niveles de competencia profesional (1, 2 y 3) conforme a lo dispuesto en el que será el Catálogo Nacional de Estándares de Competencias Profesionales, anteriormente Catálogo Nacional de Cualificaciones Profesionales (CNCP), según los criterios establecidos de conocimientos, iniciativa, autonomía y complejidad de las tareas, en cada una de las ofertas de Formación Profesional.

La oferta formativa dirigida a la obtención de los Certificados Profesionales tiene carácter modular para favorecer la acreditación parcial acumulable de la formación recibida y posibilitar así el avance en el itinerario de Formación Profesional para cualquiera que sea la situación laboral de cada persona en cada momento.

En definitiva, el Grado C constituye la oferta, parcial y acumulable, del sistema de Formación Profesional, de varios módulos profesionales del catálogo modular de Formación Profesional por razón de su significado en el mercado laboral y conducente a la obtención de un Certificado Profesional.

Las ofertas de Grado C de Formación Profesional tendrán por objeto módulos profesionales incluidos previamente en el catálogo modular de formación profesional y asociados al Catálogo Nacional de Estándares de Competencias Profesionales.

Finalidad de los Certificados Profesionales

- Contribuir a la ordenación de un Sistema de Formación Profesional al servicio de un régimen de formación y acompañamiento profesionales que sea capaz de responder con flexibilidad a los intereses, expectativas y aspiraciones de cualificación profesional de las personas a lo largo de su vida.

- Combinar escuela y empresa situando a la persona en el centro del sistema.

- Facilitar el aprendizaje permanente de toda la ciudadanía mediante una formación abierta, flexible y accesible, estructurada de forma modular, a través de la oferta formativa asociada al certificado.

- Acreditar las cualificaciones profesionales o las unidades de competencia recogidas en estas, independientemente de su vía de adquisición, bien sea a través de la vía formativa, o mediante la experiencia laboral o vías no formales de formación.

- Favorecer, tanto a nivel nacional como europeo, la transparencia del mercado de trabajo.

- Contribuir a la calidad de la oferta de Formación Profesional.

Este libro

El presente libro desarrolla la Unidad Formativa denominada *Implantación de aplicaciones web en entorno internet, intranet y extranet,* MF0493_3.

Dicho módulo formativo está asociado a la Unidad de Competencia UC0493_3, perteneciente a la Cualificación Profesional de referencia IFC154_3, de nivel 3, incluida en el Certificado Profesional denominado *Desarrollo de aplicaciones con tecnologías web,* dentro de la familia profesional Informática y comunicaciones.

Según el Real Decreto 1523/2011, de 31 de octubre, modificado por el RD 628/2013, de 2 de agosto, los contenidos que en esta obra se recogen se corresponden con una duración de 90 horas.

Tanto la estructura como el desarrollo del libro se ajustan al citado Real Decreto y más concretamente a los contenidos del Módulo Formativo que le da título *Implantación de aplicaciones web en entorno internet, intranet y extranet.*

Contenidos

1. Internet
   - Breve historia y origen de Internet.
   - Principales servicios ofrecidos por Internet.
     — World Wide Web.
     — Correo electrónico.
     — Transferencia de ficheros (ftp).
     — Otros servicios.
   - La tecnología de Internet.
     — Arquitectura TCP/IP. Comparación con OSI.
     — Protocolos de Internet: TCP, UDP, SNMP, SMTP, etc.
     — El protocolo HTTP.
   - Redes TCP/IP.
     — El direccionamiento IP. Evolución.
     — Dominios. Jerarquía de dominios.
     — Servicios de identificación de dominios: DNS.
     — Ámbitos: Intranet, Internet y Extranet. Consideraciones de seguridad.Cortafuegos.

2. **La World Wide Web**
   - Breve historia de la World Wide Web.
   - Arquitectura general de la Web.
     — Principios para el diseño de sistemas web.
     — Componentes básicos de un sistema web.
     — División en capas.
   - El cliente web.
     — Hardware básico. Dispositivos fijos y móviles.
     — Sistemas operativos de uso común e Internet.
     — Navegadores. Características y comparativa.
     — Funcionalidades avanzadas: extensiones, aplicaciones específicas, etc.
   - Servidores web.
     — Servidores web de uso común.
     — Características básicas de un servidor web.
     — Configuración de servidores web.
     — Seguridad en servidores web.
     — Funcionalidades avanzadas: extensiones, servidores virtuales, etc.
   - Servidores de aplicaciones.
     — Concepto de servidor de aplicaciones.
     — Características de los servidores de aplicaciones.
     — Comparativa de servidores de aplicaciones de uso común.
     — Configuración de un servidor de aplicaciones.
     — Seguridad en servidores de aplicaciones.
     — Funcionalidades avanzadas: conceptos de escalabilidad, balanceo de carga, alta disponibilidad, etc.
   - Servidores de bases de datos.
     — Servidores de bases de datos para Internet de uso común.
     — Características básicas de un servidor de bases de datos.
     — Funcionalidades avanzadas: conceptos de escalabilidad, alta disponibilidad, etc.
   - Servidores complementarios en una arquitectura web.
     — Servidores de correo. Características.

- — Servidores de direccionamiento (DNS). Características.
- — Proxies.
- — Servidores de directorio. Características de LDAP.
- — Servidores de mensajería.
- — Servidores de antivirus, filtrado de contenidos, etc.
- — Otros servidores complementarios.
- • Infraestructura hardware y software para servidores de Internet.
  - — Servicios en la nube (Cloud).
  - — Tipos de servicios: infraestructura como servicio, plataforma como servicio y aplicación como servicio.
  - — Ventajas e inconvenientes de los servicios de infraestructura en la nube.
  - — Comparativa de los servicios de infraestructura en la nube de uso común.

3. Aplicaciones web
- • Evolución y tipos de aplicaciones informáticas.
  - — Aplicaciones de terminal. Servidores de terminales virtuales.
  - — Aplicaciones de escritorio.
  - — Aplicaciones cliente/servidor.
  - — Aplicaciones web.
  - — Ventajas e inconvenientes de los tipos de aplicaciones. Comparativa.
- • Tecnologías de desarrollo de aplicaciones.
  - — Características por tipo de aplicación.
  - — Comparativa según el tipo de aplicación.
  - — Tecnologías específicas para el desarrollo web.
  - — Portales de Internet. Características.
  - — Gestores de contenidos: servidores de portales y documentales.
  - — Servidores de contenidos multidispositivo.
  - — Componentes básicos en portales web. Portlets y otros componentes de uso común.
  - — Características y comparativa de los portales web de uso común.

4. **Desarrollo y despliegue de aplicaciones web**
   - Modelos básicos de desarrollo de aplicaciones web. El modelo vistacontrolador (MVC).
   - Herramientas de desarrollo web de uso común.
     — Características.
     — Comparativa.
   - Políticas de desarrollo y pruebas de aplicaciones web.
     — Entorno de desarrollo.
     — Entorno de pre-producción o pruebas.
     — Entorno de producción.
   - Organización de recursos en una aplicación web.
     — Programas.
     — Hojas de estilos.
     — Ficheros de configuración.
     — Imágenes.
     — Documentos.
     — Bibliotecas de componentes (librerías).
     — Otros archivos.
   - Seguridad en una aplicación web.
     — Niveles de seguridad. Estándares.
     — Conceptos y técnicas de identificación, autenticación y autorización o control de acceso.
     — Identificación y autenticación avanzada. Certificados digitales.
     — Concepto de sesión. Conservación de sesiones.
     — Sistemas de uso común para la conservación de las sesiones en aplicaciones web. Single Sign-on y Single Sign-out.
   - Despliegue de aplicaciones web.
     — Características del proceso de despliegue.
     — Definición del proceso de despliegue de aplicaciones web. Verificación.

5. **Verificación de aplicaciones web**
   - Características de un proceso de pruebas.
   - Tipos de pruebas.

- — Funcionales.
- — Estructurales.
- — De integración con sistemas externos.
- — Usabilidad y accesibilidad.
- — De detección de errores. Pruebas de caja negra.
- — De seguridad. Evaluación de la protección frente a los ataques más comunes.
- — De rendimiento. Pruebas de carga o estrés. Estadísticas.
- — De integridad de datos.
- Diseño y planificación de pruebas. Estrategias de uso común..
  - — Consideraciones de confidencialidad. Pruebas con datos personales.
  - — Automatización de pruebas. Herramientas.

6. Control de versiones

- Definición.
- Características generales.
- Tipos de control de versiones.
  - — Centralizados.
  - — Distribuidos.
- Mecanismos de control de versiones
  - — Repositorios. Gestión y administración.
  - — Publicación de cambios («check-in» o «commit»). Operaciones atómicas
  - — Tipos de desprotección, despliegue o «check-out»: exclusivos y colaborativos.
  - — Ramificaciones («branching»).
  - — Fusiones («merging»).
  - — Etiquetado («tagging»).
  - — Líneas de base («baseline»).
  - — Actualizaciones.
  - — Congelaciones.
  - — Gestión de conflictos.

- Buenas prácticas en control de versiones.
- Herramientas de control de versiones de uso común.
  — Características.
  — Comparativa.
- Integración del control de versiones en herramientas de uso común.

7. **Documentación de aplicaciones web**

- Características generales de la documentación. Importancia en el ciclo de vida software
- Organización y estructura básica de documentos
- Gestión de versiones de documentos
- Tipos de documentación.
  — De requerimientos.
  — De arquitectura y diseño.
  — Técnica.
  — De usuario: tutoriales, por temas y glosarios.
  — Comercial.
- Formatos de documentación.
  — Documentos.
  — Documentación en aplicaciones. Formatos de ayuda.
  — Documentación en línea. Wikis.
- Estándares de documentación.
- Herramientas de documentación.
  — Generación automática de documentación técnica.
  — Documentación de código.
- Buenas prácticas en documentación.
  — Actualizaciones de documentación.
  — Documentación colaborativa mediante wikis.
  — Uso de herramientas multimedia. Vídeotutoriales.

■ Nota del Editor

En Ediciones Paraninfo estamos comprometidos con la calidad de la formación e intentamos que nuestros materiales respondan fielmente y con rigor a las necesidades de todos cuantos confían en nuestro sello editorial.

Tratamos de dar respuesta a los currículos de las unidades formativas y de los módulos que integran los distintos Certificados Profesionales, equilibrando la parte teórica con la práctica para que los procesos de aprendizaje se conviertan en experiencias gratificantes, tanto para docentes como para las personas inmersas en los procesos formativos.

Nuestros objetivos son contribuir de forma decisiva a afianzar aprendizajes, ayudar a adquirir destrezas que tengan significado para el empleo y conseguir potenciar el desarrollo personal.

Para lograrlo contamos con excelentes autores, expertos en las materias que abordan, en la mayoría de los casos docentes de dichas especialidades con dilatada experiencia tanto profesional como académica, porque buscamos perfiles familiarizados con los contextos laborales concretos a los que se refieren nuestros manuales.

Confiamos en poder serte de ayuda y esperamos tus impresiones acerca de nuestro trabajo. Sean positivas o negativas, serán muy bien recibidas y, sin duda, nos ayudarán a seguir mejorando y trabajando con ilusión para continuar siendo un referente en formación para el empleo.

Agradecemos tu confianza en nuestros manuales. Todo nuestro equipo queda a tu total disposición. Puedes contactar con nosotros en esta dirección de correo electrónico:

info@paraninfo.es

1. Internet

Introducción

Actualmente todo el mundo conoce Internet pero ¿sabrías exactamente qué es?, ¿cómo se originó la red de redes?

Es habitual entender que una red está compuesta por un ordenador que actúa como servidor y otros ordenadores que actúan como clientes. Es decir, los

ordenadores clientes necesitan un ordenador servidor para utilizar los recursos que oferta el servidor. Teniendo en cuenta la globalización de las redes, los servidores ofrecen servicios y recursos de los que otros equipos, sean clientes o no, pueden beneficiarse. ¿Sería una red con muchos ordenadores, tanto servidores como clientes? No, más bien es un conjunto descentralizado de redes de comunicaciones interconectadas entre sí.

Contenido

1.1. Breve historia y origen de Internet

El origen se remonta a la década de los años sesenta del siglo xx. Esta época fue muy importante por desarrollarse lo que, en la historia, se denominó Guerra Fría. Se empezó a desarrollar dentro de la red ARPA (Advanced Research Projects Agency) en EE. UU., y era una red estrictamente militar. El principal objetivo de esta red era que, en el caso hipotético de un ataque soviético, estuviera accesible la información recopilada en todo momento y no depender exclusivamente de un servidor. Además, permitía tener esos servidores en ubicaciones distintas geográficamente.

En 1969 se creó ARPANET. Esta red contaba únicamente con cuatro ordenadores distribuidos en distintas universidades de EE. UU. Aproximadamente dos años después contaba con cuarenta ordenadores conectados.

ARPANET aún siguió creciendo y abierto al mundo académico. Sin embargo, las funciones militares originales perdieron sentido y se decidió que la parte militar del proyecto fuera a parar a MILNET (MILitary NETwork) que, por supuesto, fue creada por el ejército de EE. UU.

La NSF (National Science Fundation) crea su propia red informática llamada

NSFNET, tiempo después absorbe a ARPANET, creando así una gran red con propósitos científicos y académicos.

El desarrollo de las redes fue tan grande en el mundo académico que crearon otras redes de libre acceso que posteriormente se unieron a NSFNET, pergeñando lo que más tarde llamaremos Internet. Y su desarrollo aún fue creciendo hasta alcanzar, en 1990, alrededor de cien mil servidores por todo el mundo.

En 1985 Internet ya tenía entidad como tecnología establecida, aunque su alcance era minoritario entre la población.

Las comunicaciones entre los ordenadores eran básicamente en formato texto. William

Gibson acuñó el término *ciberespacio*, que se ha convertido en un sinónimo de Internet.

1.2. Principales servicios ofrecidos por Internet

No fue hasta 1991 cuando Tim Berners-Lee creó el primer servidor web del mundo y el primer navegador.

El 12 de marzo de 1989, Tim Berners-Lee, un científico que trabajaba en el Centro Europeo de Investigación Nuclear (CERN), presentó una propuesta para desarrollar una nueva forma de vinculación e intercambio de información a través de Internet. El documento fue titulado *Gestión de la Información*. Propuesta que dio lugar a lo que más adelante se denominaría World Wide Web (o de forma abreviada, WWW).

Uno de los problemas del primer navegador web, o *browser*, es que solo funcionaba en estaciones NeXT (NeXT Computer fue fundada por Steve Jobs).

¿En qué consistía el navegador web? La nueva fórmula permitía vincular información en forma lógica y a través de las redes. El contenido se programaba con un lenguaje de hipertexto que consistía en ir colocando "etiquetas" que asignaban una función o valor a cada parte del contenido. Este sistema obligaba a los navegadores a "interpretar" dichas etiquetas construyendo, de forma visual, el resultado que se deseaba mostrar.

En 1993 Marc Andreessen produjo la primera versión del navegador **Mosaic**, que permitió acceder con mayor naturalidad a la WWW. Se produjo para trabajar en entornos Unix con una interfaz gráfica X11. Poco más tarde entró **Netscape Navigator** que superó con creces en velocidad y capacidad a Mosaic. Heredero del **Netscape** es, en la actualidad, Firefox (navegador de la fundación Mozilla —https://www.mozilla.org—). Aunque **Chrome** debe gran parte de su funcionalidad al código liberado del navegador.

Netscape

A partir de entonces, empezó una "guerra" de navegadores. En 1995 irrumpió Microsoft con el navegador web Internet Explorer (IE). La ventaja de IE, con respecto a Netscape Navigator, fue que el navegador de Microsoft iba incluido en el propio sistema operativo. Esto hizo que finalmente IE fuera el navegador más utilizado a partir de 1999. Tal fue así que Netscape Navigator fue abandonado por sus propietarios, AOL (America Online). Pero esto tuvo una consecuencia positiva, el código del navegador se liberó y, por el año 2004, David Hyatt y Blake Ross, con la participación de voluntarios de todo el mundo, crearon un proyecto bajo el nombre de **Mozilla Firefox**.

La World Wide Web no se entendería sin el protocolo que lo sustenta y el lenguaje de marcas que permite visionar, de forma ordenada, los documentos que se transmiten a través de la red.

1.2.1. World Wide Web

El protocolo que se utiliza en las transacciones WWW es el HTTP y el lenguaje de marcas **HTML**.

Hypertext Transfer Protocol o HTTP (protocolo de transferencia de hipertexto): es el protocolo usado en cada transacción de la WWW. HTTP fue desarrollado por el **World Wide Web Consortium** y la **Internet Engineering Task Force**. En 1999 se publicaron una serie de estándares por parte del RFC (Request For Comments) cuya web es https://www.rfc-editor.org. En definitiva, estas recomendaciones, o estándares, describen diversos aspectos del funcionamiento de Internet tales como: protocolos, procedimientos, etc. Cada RFC constituye un monográfico redactado por un grupo de ingenieros y/o expertos en la materia que envían al IETF (Internet Engineering Task Force).

Se describen RFC tan importantes como, por ejemplo, el protocolo IP detallado en el RFC 791, IPv6 en el RFC 2460, el FTP en el RFC 959, o el HTTP en el RFC 2616.

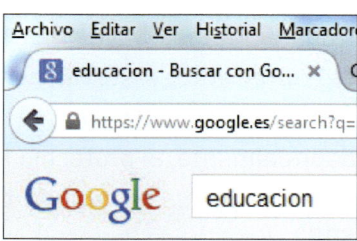

En la Figura 1.1 se muestra una visión típica de un navegador web: un menú, su barra de dirección y parte de la página del buscador actualmente más famoso, Google.

Figura 1.1.

Características importantes del protocolo HTTP

Es un protocolo sin estado, es decir, en una arquitectura cliente/servidor el usuario realiza una petición, el servidor se la sirve y dejan de estar comunicados el cliente y el servidor, es decir, la comunicación no es estable ni constante. El objetivo principal es permitir al servidor que atienda más clientes y/o usuarios, lo que se conseguiría con comunicaciones estables y constantes.

Sin embargo, es un inconveniente en el desarrollo de aplicaciones web porque todas las aplicaciones necesitan mantener el estado de conexión con el servidor que sustenta la aplicación. ¿Cómo se consigue mantener "viva" la conexión? Una de las técnicas más usada en el lado del cliente es el uso de las *cookies*. ¿Qué son las *cookies*? Pues es información que un servidor puede almacenar en el sistema cliente que permitirá mantener "vivos" los datos relevantes en la comunicación con el servidor. Otra técnica es el uso de sesiones de conexiones de los clientes, pero guardadas en el servidor para conseguir el mismo fin descrito anteriormente.

Este servicio ha evolucionado tanto que actualmente se trabaja en conceptos como **Web 2.0**. Se trata de que exista una interactuación entre el sitio web y el usuario pudiendo existir colaboración entre los usuarios y los creadores del sitio web. Todos conocemos lo que es un blog, una *wiki* o una red social.

HTTP es un protocolo que se encuentra en la capa de aplicación del modelo **OSI**.

1.2.2. Correo electrónico

Uno de los servicios más importantes es el sistema de **correo electrónico**. ¿En qué consiste? Consiste en la transferencia, a través de Internet, de mensajes y/o archivos entre dos o más usuarios. ¿Qué protocolo utiliza? Para el envío de correo entre el usuario remitente y el servidor del usuario destino se utiliza el protocolo de red **SMTP** (*Simple Mail Transfer Protocol*). Sin embargo, la entrega del correo entre el servidor del usuario final y el ordenador del usuario destino se utiliza, habitualmente, el protocolo **IMAP** (*Internet Message Access Protocol*) o el protocolo **POP3** (*Post Office Protocol*).

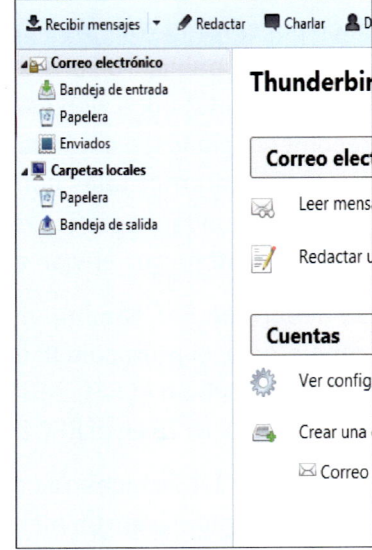

Figura 1.2.

En la Figura 1.2 se aprecia parte de la aplicación de correo electrónico Thunderbird. En esta imagen aparecen las distintas carpetas de una cuenta de correo electrónico. La cuenta, además, utiliza certificado digital para sus transacciones (imagen de candado cerrado).

Tanto el protocolo SMTP como POP3 e IMAP son protocolos del nivel de aplicación en el modelo **OSI**.

1.2.3. FTP

Hay un elemento que debe tenerse en cuenta. Es bien conocido lo que es la web. Pero ¿cómo se comunica un cliente de un equipo para introducir los archivos de metadatos, imágenes, etc.; en el servidor para que posteriormente se pueda visualizar en un navegador a través de Internet? Mediante la transferencia de archivos.

¿Cómo se realiza esta operación o con qué *software* o programa? Mediante, por ejemplo, el servicio FTP (*File Transfer Protocol*). Habitualmente, el servidor web tiene, además, un servicio FTP al cual te puedes conectar a través de un cliente FTP y, mediante credenciales (usuario y clave), acceder al servidor y volcar archivos desde un ordenador cliente al servidor, y viceversa. De esta manera, es posible actualizar la web.

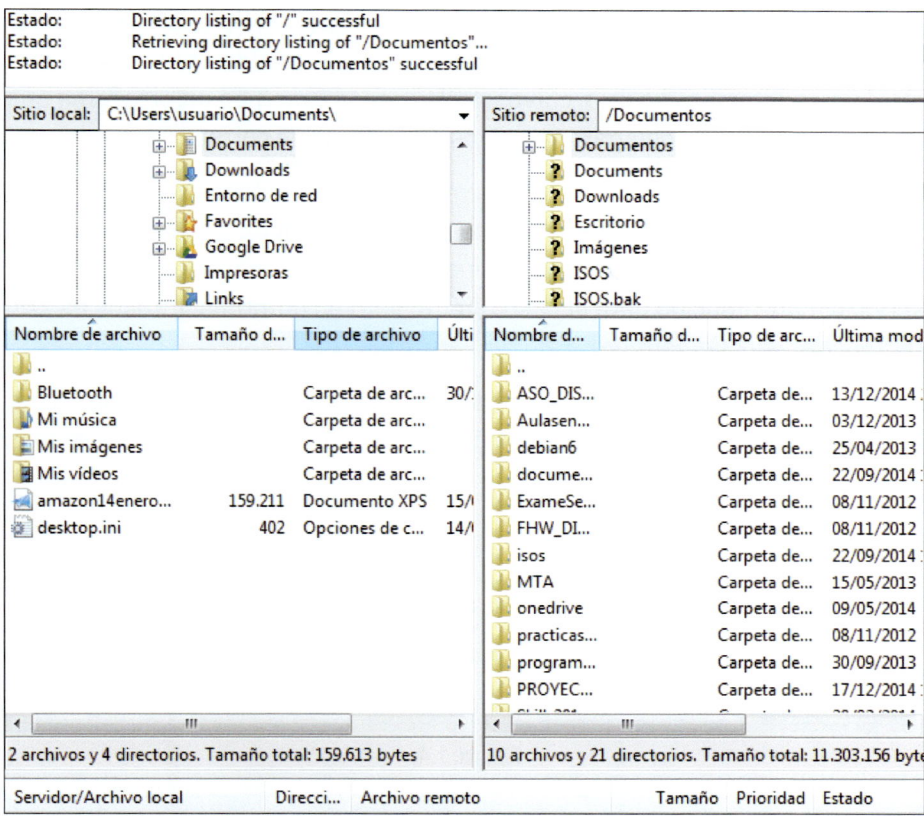

Estado:	Directory listing of "/" successful
Estado:	Retrieving directory listing of "/Documentos"...
Estado:	Directory listing of "/Documentos" successful

Figura. 1.3.

En la imagen de la Figura 1.3 se muestra cómo actúa una aplicación cliente de FTP en formato gráfico. En la ventana superior se muestran las instrucciones del protocolo FTP. En las dos ventanas inmediatamente inferiores se aprecian, a la izquierda, el árbol de carpetas en el equipo local, y a la derecha, el árbol de las carpetas del servidor al que se ha accedido. Inmediatamente debajo, aparecen los archivos y carpetas que "cuelgan" de la carpeta seleccionada en local, a la izquierda, y las del servidor, a la derecha. Finalmente, la ventana inferior muestra las transacciones que se están realizando o se han realizado entre el servidor y el equipo local.

1.2.4. Otros servicios

Si bien estos servicios mencionados antes son, quizás, los más utilizados, no debemos olvidar otros tan importantes o más que los descritos anteriormente. Los más populares son los relacionados con la actividad social como mensajería instantánea (fue muy conocido Messenger de Microsoft, aunque hoy en día se utilizan otros como Talk de Google o Skype de Microsoft), P2P (*peer to peer,* o punto a punto) muy conocidos los archivos Torrent y el *software* eMule para intercambio de archivos, P2M (*peer to mail*) es un programa que permite almacenar y compartir archivos en cuentas de correo.

Además, hay otros servicios que son más de carácter técnico como son las herramientas de administración remota. Como ejemplos podemos mencionar el servicio SSH (*Secure Shell*) y Telnet para acceso en modo terminal. Otro servicio muy conocido para acceso remoto pero en entornos gráficos es VNC (*Virtual Network Computing*).

En la Figura 1.4 se muestra un recorte de la aplicación de comunicación por IP Skype, la cual permite comunicación por texto, verbal, videoconferencia y, además, compartición de recursos.

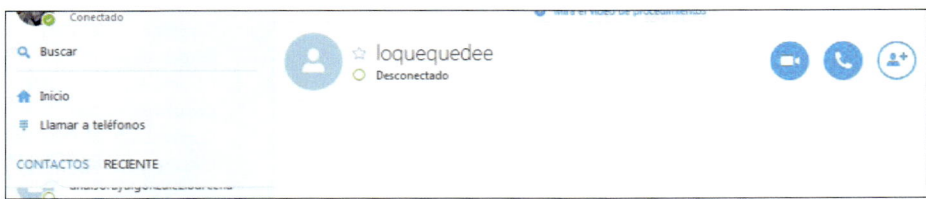

Figura. 1.4.

1.3. La tecnología de Internet

El modelo OSI describe las comunicaciones de red ideales con una familia de protocolos interaccionados entre ellos y entre máquinas conectadas entre sí. TCP/IP combina varias capas OSI en una única capa o no utiliza determinadas capas.

El modelo OSI divide en siete capas el proceso de transmisión de la información entre equipos informáticos, donde cada capa se encarga de ejecutar una determinada parte del proceso global.

Ref. OSI N.º de capa	Equivalente de capa OSI	Capa TCP/IP	Ejemplos de protocolos TCP/IP
7=Nivel aplicación. Servicios de red a aplicaciones. 6=Nivel presentación. Representación de los datos. 5=Nivel sesión. Comunicación entre dispositivos de red.	Aplicación, sesión, presentación	Aplicación	NFS, NIS, DNS, LDAP, Telnet, FTP, Rlogin, RSH, RCP, RIP, RDISC, SNMP y otros
4 =Nivel transporte. Conexión extremo a extremo y fiabilidad de los datos.	Transporte	Transporte	TCP, UDP, SCTP
3=Nivel red. Determinación de ruta e IP (direccionamiento lógico).	Red	Internet	IPv4, IPv6, ARP, ICMP
2=Nivel enlace de datos. Direccionamiento físico (MAC Y LLC).	Vínculo de datos	Vínculo de datos	PPP, IEEE 802.2
1=Nivel físico. Señal y transmisión binaria.	Física	Red física	Ethernet (IEEE 802.3), Token Ring, RS-232, FDDI y otros

La arquitectura sobre la que se sustenta Internet es sobre la combinatoria TCP/IP.

¿Qué es? Realmente son dos protocolos. Los detallamos a continuación.

1.3.1. TCP/IP

TCP (*Transmission Control Protocol*) fue creado entre los años 1973 y 1974; en el modelo OSI está en la **capa de transporte**. Con el uso del protocolo TCP, las aplicaciones pueden comunicarse de forma segura con independencia de las capas inferiores según el modelo. Esto implica que los rúteres, que se encuentran en la capa de red, solo tienen que enviar datagramas IP (paquetes de datos), sin preocuparse de la monitorización de datos porque esta función la cumple la capa de transporte, como en nuestro caso es TCP.

En la Figura 1.5 se muestra el modelo OSI por capas. Cada capa tiene impreso su nombre y su funcionalidad en el modelo.

IP

En el caso del protocolo **IP** (*Internet Protocol*) es un protocolo que se encuentra en la **capa de red** en el modelo OSI. Se trata de un protocolo de comunicación de datos digitales.

Las principales características de este protocolo son:

- Es un protocolo orientado a no conexión.
- Fragmenta los paquetes si es necesario.
- Direccionamiento mediante direcciones lógicas IP de 32 bits.

MODELO OSI

Nivel de aplicación
Servicio de red a aplicaciones

Nivel de presentación
Representación de los datos

Nivel de sesión
Comunicación entre dispositivos de la red

Nivel de transporte
Conexión punto-punto y fiabilidad de los datos

Nivel de red
Determinación de ruta IP (direccionamiento lógico)

Nivel de enlace de datos
Direccionamiento físico (MAC y LLC)

Nivel físico
Señal y transmisión binaria

Figura. 1.5.

- Si un paquete no es recibido, este permanecerá en la red durante un tiempo finito.
- Realiza el "mejor esfuerzo" para la distribución de paquetes.
- Tamaño máximo del paquete de 65 635 *bytes*.
- Solo se realiza verificación por suma al encabezado del paquete, no a los datos que este que contiene.

```
eth0      Link encap:Ethernet  HWaddr 00:04:23:ce:fa:85
          inet addr:192.168.1.3  Bcast:192.168.3.255  Mask:255.255.252.0
          inet6 addr: fe80::204:23ff:fece:fa85/64 Scope:Link
          UP BROADCAST RUNNING MULTICAST  MTU:1500  Metric:1
          RX packets:157702022 errors:0 dropped:0 overruns:0 frame:0
          TX packets:51407113 errors:0 dropped:0 overruns:0 carrier:0
          collisions:0 txqueuelen:1000
          RX bytes:25946664490 (24.1 GiB)  TX bytes:372140912334 (346.5 GiB)
          Interrupt:16

lo        Link encap:Local Loopback
          inet addr:127.0.0.1  Mask:255.0.0.0
          inet6 addr: ::1/128 Scope:Host
          UP LOOPBACK RUNNING  MTU:16436  Metric:1
          RX packets:2772988 errors:0 dropped:0 overruns:0 frame:0
          TX packets:2772988 errors:0 dropped:0 overruns:0 carrier:0
          collisions:0 txqueuelen:0
          RX bytes:599429023 (571.6 MiB)  TX bytes:599429023 (571.6 MiB)
```

Figura. 1.6.

En la Figura 1.6. se puede ver un ejemplo de interfaz de red. En primer lugar, eth0, cómo se identifica ante los demás. En segundo lugar, lo, cómo se identifica ante sí mismo. En ambos casos tendrá dos direcciones IP. Una, inet, en formato IPv4, y otra, inet6, en formato IPv6.

1.3.2. UDP

UDP (*User Datagram Protocol*) es un protocolo del **nivel de transporte**, igual que TCP, basado en el intercambio de datagramas. Viene fijado y documentado según la referencia RFC 768 del IETF. Este protocolo permite el envío de datagramas a través de la red sin que se haya establecido previamente una conexión, ya que el propio datagrama incorpora suficiente información de direccionamiento en su cabecera. ¿Quién o quiénes utiliza este protocolo? Habitualmente los servidores utilizan tanto el protocolo TCP como UDP.

La principal diferencia entre TCP y UDP reside en la fiabilidad de los datos. TCP está pensado para enviar grandes cantidades de datos e información de forma fiable. Este protocolo, TCP, es capaz de gestionar los paquetes que envía, su orden, etc. En caso de pérdida puede tomar la decisión de reenviar de nuevo los paquetes si no encuentra el envío "perdido". Sin embargo, UDP envía los paquetes de datos de forma poco fiable; al no llevar información extra, su difusión es más rápida. Como ejemplo de aplicaciones que utilizan UDP son aquellas que necesitan transmitir audio y/o vídeo por *streaming* en las que, en caso de pérdida, no afecta al conjunto de datos, como podría ocurrir con un mensaje de correo electrónico. Por el contrario, si necesita enviar muy poca información también podrá utilizar este protocolo, es el caso de las consultas DNS.

Protocolos que están por encima de la capa de transporte (TCP, UDP) tenemos, por ejemplo, SNMP (*Simple Network Management Protocol*), SMTP (*Simple Mail Transfer Protocol*), POP3 (*Post Office Protocol*), IMAP (*Internet Message Access Protocol*).

1.3.3. Otros protocolos importantes

¿Para qué se utilizan estos protocolos de la capa aplicación?

- **SMNP**: este protocolo facilita el intercambio de información de administración entre dispositivos de red. Podremos utilizar un *software*, por ejemplo, PRTG, para administrar un equipo en la red (ordenador, impresora de red, etc.) utilizando este protocolo. Este *software* será el que utilice el protocolo mencionado.

- **SMTP**: este protocolo permite la transferencia de mensajes y archivos desde un cliente hasta un servidor destino utilizando como intermediario un servidor al que estaremos suscritos. Ejemplo de *software* cliente SMTP: Thunderbird y Outlook. Ejemplo de *software* de servidores SMTP: Postfix, Exim y Sendmail.

- **POP3** e **IMAP**: estos protocolos permiten recoger los mensajes de correo de un servidor al que estemos suscritos. La diferencia entre POP3 e IMAP reside en que el primero recoge el correo y lo borra del servidor, y el segundo deja el correo en el servidor y entrega al usuario una copia. Normalmente, el *software* cliente que actúa como SMTP también incluye ambos protocolos como recepción de mensajes. En el caso del *software* servidor no es así. *Software* servidor tenemos, por ejemplo, Dovecot, UW Imap y Courier.

- **HTTP** (*Hypertext Transfer Protocol*): este protocolo es utilizado para la transacción de la World Wide Web. HTTP fue desarrollado por el World Wide Web Consortium y la Internet Engineering Task Force. ¿En qué consiste una transacción? Una transacción HTTP está formada por un encabezado seguido, opcionalmente, por una línea en blanco y/o algún dato. El encabezado especificará datos como la acción requerida del servidor, el tipo de dato retornado o el código de estado. El uso de campos en el encabezado enviados en las transacciones HTTP le dan gran flexibilidad al protocolo. Estos campos permiten que se envíe información descriptiva en la transacción, permitiendo así la autenticación, cifrado e identificación de usuario.

```
GET / HTTP/1.1
HTTP/1.1 408 Request Time-out
Date: Thu, 18 Dec 2014 11:32:19 GMT
Server: Apache/2.2.16 (Debian)
Vary: Accept-Encoding
Content-Length: 298
Connection: close
Content-Type: text/html; charset=iso-8859-1
```

Figura. 1.7. Ejemplo de encabezados HTTP.

En la Figura 1.7 se muestra un encabezado típico. Posteriormente a los encabezados, llegará el documento de metadatos (porque están más allá de los datos HTTP) solicitado al servidor.

Hay un proceso de diálogo entre el cliente, navegador del usuario y el servidor web. En el ejemplo de la imagen se aprecia una petición del navegador, GET / HTTP/1.1, al servidor web.

```
Content-Type: text/html; charset=iso-8859-1
<!DOCTYPE HTML PUBLIC "-//IETF//DTD HTML 2.0//EN">
                                    <html><head>
                                            <title>408 Request
Time-out</title>
                <head><body>
                        <h1>Request Time-out</h1>
                                        <p>Server timeout waiting
for the HTTP request from the client.</p>
                                <hr>
                                <address>Apache/2.2.16 (Debian) Se
rver at 127.0.0.1 Port 80</address>
                        </body></html>
```

Figura. 1.8.

Entonces el servidor web procesa la petición y responde. Si acepta la petición, le enviará el encabezado HTTP y, posteriormente, los metadatos, Figura 1.8, que interpretará el navegador web generando el documento que será visionado por el usuario.

En la siguiente imagen, Figura 1.9, se observa el registro de la petición de un navegador y la respuesta del servidor. En primer lugar, la IP pública desde donde se ha realizado la petición, fecha y hora de la petición, qué documento se ha solicitado, respuesta del servidor, cómo se identifica el navegador.

```
66.249.78.159 - - [18/Dec/2014:19:14:57 +0100] "GET /moodle/calendar/view.php?vi
ew=month&course=1&cal_d=1&cal_m=10&cal_y=5601 HTTP/1.1" 200 6977 "-" "Mozilla/5.
0 (compatible; Googlebot/2.1; +http://www.google.com/bot.html)"
66.249.78.166 - - [18/Dec/2014:19:14:58 +0100] "GET /moodle/index.php?cal_m=8&ca
l_y=1085 HTTP/1.1" 200 6495 "-" "Mozilla/5.0 (compatible; Googlebot/2.1; +http:/
/www.google.com/bot.html)"
```

Figura. 1.9.

En el caso de haberse producido un error, este queda reflejado en otro archivo indicando la causa.

1.4. Redes TCP/IP

Para entender estos dos protocolos, hay que indicar que el direccionamiento IP es un número que identifica a un equipo, por ejemplo, un ordenador en una red. Se ha de señalar que actualmente están conviviendo dos tipos de redes IP: la versión IPv4 y la versión IPv6.

1.4.1. IPv4

Es una secuencia de unos y ceros de 32 bits expresada en cuatro octetos (4 *bytes*) separados por puntos. Para hacerlo más comprensible se denomina en decimal como cuatro números separados por puntos. Hay una relación de sistema numérico decimal con el sistema numérico binario.

Un ejemplo aclaratorio:

IP en binario	11000000.10101000.00000001.00001100
IP en decimal	192.168.1.12

Se debe, también, diferenciar entre IP pública e IP privada.

IP pública es aquella que identifica un dispositivo (ordenador, rúter, etc.) en Internet. ¿Se puede asignar una IP pública a un rúter de acceso a Internet interviniendo el propietario de la línea a su antojo? No, es el ICANN el que se encarga de gestionar no solo las direcciones IP sino también los nombres de dominio. Gestiona el sistema de dominios y administra el sistema de servidores raíz (https://www.icann.org/).

> **Para saber más...**
>
> Se puede acceder a una red interna mediante otros mecanismos no directos. Por ejemplo: *software* legítimo que intermedia con un servidor, como las herramientas de gestión de equipos para mantenimiento o teletrabajo; *malware* que, internamente, se comunica con un servidor externo, etcétera.

IP privada es aquella que se circunscribe a una red de área local (LAN) y que no es accesible, directamente, desde otras ubicaciones externas a esa red local.

Las direcciones IP constan de dos partes. La primera identifica la dirección de la red y la segunda sirve para identificar los equipos en la red. Para saber qué rango de bits corresponde a cada parte, se utiliza la máscara de red. ¿En qué consiste? Es una combinación de 32 bits expresados en cuatro octetos (4 *bytes*) separados por puntos (similar a la dirección IP). Es utilizada para describir cuál es la porción de una dirección IP que se refiere a la red o subred y cuál es la que se refiere al *host*.

La máscara se utiliza para extraer información de red o subred de la dirección IP. También permite separar, de forma lógica, redes. Es decir, si el deseo es ocultar unas máquinas a otras se podrá "jugar" con la combinación de las máscaras y, así, se conseguirá que no se identifiquen. Aunque los datos circulan por la misma red física, la red lógica los separará unos de otros.

Clases de direccionamiento IP

Las direcciones IP se dividen en clases para definir las redes de tamaño grande (A), mediano (B), pequeño (C), de uso *multicast* (D) y de uso experimental (E). Dentro de cada rango de clases A, B, C existen direcciones privadas para uso interno y no son accesibles en Internet (normativa RFC 1918).

Clase A	
Rango de direcciones IP:	1.0.0.0 a 126.0.0.0
Máscara de red:	255.0.0.0
Direcciones privadas:	10.0.0.0 a 10.255.255.255

Clase B	
Rango de direcciones IP:	128.0.0.0 a 191.255.0.0
Máscara de red:	255.255.0.0
Direcciones privadas:	172.16.0.0 a 172.31.255.255
Clase C	
Rango de direcciones IP:	192.0.0.0 a 223.255.255.0
Máscara de red:	255.255.255.0
Direcciones privadas:	192.168.0.0 a 192.168.255.255
Clase D	
Rango de direcciones IP:	224.0.0.0 a 239.255.255.255 uso *multicast* o multidifusión
Clase E	
Rango de direcciones IP:	240.0.0.0 a 254.255.255.255 uso experimental

La red 127.0.0.0/8 se denomina LoopBack Address y no se puede usar para direccionamiento privado o público. Y es para uso interno del equipo.

La máscara 255.255.255.255 o /32 sirve para identificar un *host* específico.

Para indicar la máscara de red, se realiza de dos formas. Mediante la expresión tipo direccionamiento IP, que hemos visto antes, o bien indicando el número de bits 1 (no se contabilizan los 0), contando por la izquierda, que tiene la máscara de red.

Por ejemplo: 255.255.255.0 en formato binario es 11111111.11111111.11111111.0 que sumando los bits nos da 24. Entonces, si se observa una IP de la forma 192.168.1.0/32 indicará que el equipo tiene una IP que empieza por 192.168.1. y su máscara de red es 255.255.255.0.

NOTA: La primera y última IP, por ejemplo: 192.168.1.0 y 192.168.1.255, están reservadas y no se utilizan. La IP 192.168.1.0 identifica la red y la 192.168.1.255 es la IP de difusión.

Direccionamiento IP – subredes

¿Qué es una subred? Es la posibilidad de dividir, de forma lógica, una red en varias.

Un ejemplo. Se dispone de una red de clase C de la forma 192.168.1.0/24 y se decide dividirla en ocho. Esto implica tomar "prestados" 3 bits de la submáscara y reconvertir la máscara de 24 bits en 27 (de 11111111.11111111.11111111.000 00000 a 11111111.11111111.1111111.11100000).

Cada subred tendrá $(2^5)=32$ direcciones posibles, pero solo tendrá (2^5)-2 = 32-2 = 30 reales.

Con esto obtendríamos los siguientes rangos de IP.

Rango de red	Rango ip	Broadcast (difusión)
192.168.1.0	192.168.1.1 - 192.168.1.30	192.168.1.31
192.168.1.32	192.168.1.33 - 192.168.1.62	192.168.1.63
192.168.1.64	192.168.1.65 - 192.168.1.94	192.168.1.95
192.168.1.95	192.168.1.97 - 192.168.1.126	192.168.1.127
192.168.1.128	192.168.1.129 - 192.168.1.158	192.168.1.159
192.168.1.160	192.168.1.161 - 192.168.1.190	192.168.1.191
192.168.1.192	192.168.1.193 - 192.168.1.222	192.168.1.223
192.168.1.128	192.168.1.129 - 192.168.1.254	192.168.1.255

Hay otras consideraciones que tener en cuenta y vienen reflejadas en las normativas RFC 950 (http://tools.ietf.org/html/rfc950).

1.4.2. IPv6

Uno de los problemas de la versión IPv4 es que su rango de identificación se está quedando pequeño. Por esta razón, se está migrando hacia la versión IPv6, que permite un mayor número de identificadores de red.

Esta versión posee direcciones con una longitud de 128 bits, es decir, 2^{128} posibles direcciones (340.282.366.920.938.463.463.374.607.431.768.211.45 6), o dicho de otro modo, 340 sextillones.

Actualmente, todas las interfaces de red soportan tanto la versión IPv4 como la versión IPv6.

Las IP IPv6 tienen ocho campos de 16 bits cada uno unidos por dos puntos y, además, cada campo debe contener un número hexadecimal, a diferencia de la notación decimal con puntos de las direcciones IPv4.

Ejemplo para: 2001:0db8:3c4d:0015:0000:0000:1a2f:1a2b

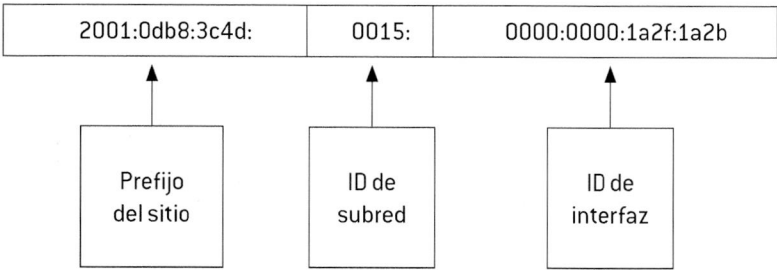

2001:0db8:3c4d:	0015:	0000:0000:1a2f:1a2b
Prefijo del sitio	ID de subred	ID de interfaz

Los tres campos que están más a la izquierda (48 bits) contienen el prefijo de sitio. El prefijo describe la topología pública que el ISP o el RIR (Regional Internet Registry, Registro Regional de Internet) suelen asignar al sitio.

El campo siguiente lo ocupa el ID de subred de 16 bits que el administrador asigna al sitio. El ID de subred describe la topología privada, denominada también topología del sitio, porque es interna del sitio.

Los cuatro campos situados más a la derecha (64 bits) contienen el ID de interfaz, también denominado *token*. El ID de interfaz se configura automáticamente desde la dirección MAC de interfaz o manualmente en formato **IEEE EUI-64** (http://standards.ieee.org/).

- 2001:0db8:3c4d: contienen el prefijo de sitio y representan la topología pública.

- 0015: contienen el ID de subred y representan la topología privada del sitio.

- 0000:0000:1a2f:1a2b: contiene el ID de interfaz.

Más ejemplos:

Para convertir la MAC utilizando el formato **IEEE EUI64**, solo hay que usar la siguiente secuencia. Para ello se observará cómo está conformada una MAC. Se disponen, como MAC de red, los siguientes valores: 00:04:23:CE:FA:85.

El primer grupo de 8 bits, en este caso: 00. Después, se complementa el bit U/L, que es el séptimo bit del primer *byte*. Al complementar el séptimo bit, se convierte en 00000010 (0x02).

El segundo y tercer grupo de 8 bits, en este caso: 04:23 son el ID de la compañía.

Y los tres grupos restantes, en este caso: CE:FA:85 corresponden al ID establecido por el fabricante.

Fórmula de conversión EUI64:

02:[ID de la compañía]:FF:FE:[ID establecido por el fabricante]

Entonces utilizando de ejemplo la MAC anterior, el formato EUI64 quedaría de la siguiente forma:

02:04:23:FF:FE:CE:FA:85

Y, finalmente, para utilizar este formato como el ID de interfaz de la dirección IPv6, se agrupan dos grupos de 8 bits para hacer los campos de 16 bits:

0204:23FF:FECE:FA85 que simplificado: 204:23FF:FECE:FA85

Ya con el ID de interfaz se puede formar una dirección IPv6. En este ejemplo se muestra una dirección global IPv6:

2002:A09:807:0: 204:23FF:FECE:FA85

Consideraciones que deben tenerse en cuenta:

Dirección sin especificar (0:0:0:0:0:0:0:0): nunca deberá ser asignada a ningún nodo. Esta dirección indica la ausencia de una dirección.

Dirección local de enlace (*link-local*): cuando una interfaz IPv6 es activada, se le asignará, automáticamente, una dirección local de sitio.

Dirección local de sitio (*site-local*): es un rango de direcciones establecido que es similar a las direcciones privadas IPv4. Estas direcciones se utilizan preferentemente dentro de una misma red local o LAN.

Dirección global: es también un rango de direcciones establecido que tendría la consideración similar a las direcciones públicas IPv4.

1.4.3. Dominios. Jerarquía de dominios

¿Qué es un dominio? De forma genérica, un dominio es un nombre legible y entendible por el ser humano que se utiliza para asociar a un grupo de dispositivos o equipos conectados a la red. Puede ser una identificación local y/o Internet.

Tiene como propósito realizar una traslación o traducción de la identificación de los equipos y/o redes, que se hace a través de valores numéricos, a un lenguaje entendible.

Los dominios se organizan como un árbol. Hay una raíz y esta se propaga a través del tronco creando ramas. Incluso habrá ramas que nacen de otras ramas.

Dependiendo de su localización en la jerarquía, un dominio puede ser de primer nivel (*top-level*), segundo nivel o tercer nivel. Se pueden añadir todos los niveles que se deseen, pero no son habituales.

La siguiente tabla son los dominios de primer nivel más utilizados con frecuencia:

Dominio	Descripción
edu	Instituciones universitarias y educativas.
com	Organizaciones comerciales.
org	Organizaciones no comerciales.
net	Pasarelas y otras redes administrativas.
mil	Ejército norteamericano.
gov	Gobierno norteamericano.
uuc	Dominio para redes UUCP.
es	Dominio territorial de España. Cada país suele tener su propio dominio territorial. Por ejmplo: uk=United Kingdom. NOTA: en este tipo de raíz, se pueden permitir dominios genéricos pero indicativos del país. Por ejemplo, .edu.es corresponde a un dominio de educación regional de España. Más ejemplos: .gob.es, .com.es, .nom.es, .org.es.
info	Van dirigidos a páginas web informativas.
biz	Es un dominio de Internet genérico (TLD) previsto para ser usado en negocios.
name	Su uso está previsto para la representación de nombres personales, sobrenombres, nombres de usuario, pseudónimos u otros tipos de marcas de identificación de personas.
tel	Su uso está pensado para servicios de comunicación por Internet.

Todos estos dominios raíz se pueden clasificar dentro de los dominios cualificados. Son dominios accesibles a través de Internet y, para ser accesibles, deben ser registrados en empresas autorizadas y acreditadas al efecto. La organización que se encarga de velar por el buen funcionamiento del registro y dispone de la base de datos de todos los registros genéricos es **InterNIC—Public Information Regarding Internet Domain Name Registration Services** (www. internic.net).

Una vez registrado un dominio, para ser accesibles a través de Internet, debe ser dado de alta en los servicios DNS. Se conseguirá "emparejar" un nombre de dominio con una IP pública. Por ejemplo: al insertar una dirección web en el navegador, se buscará, en servidores DNS, a qué ordenador corresponde esa dirección; como los ordenadores se identifican mediante una IP, una vez que le devuelve la dirección IP, se realiza la petición al servidor correspondiente.

1.4.4. Servicios de identificación de dominios: DNS (Domain Name System)

¿Qué es DNS? En principio, su traducción es sistema de nombres de dominios y está directamente relacionado con los dominios **FQDN** (*Fully Qualified Domain Name* o nombre de dominio completo), o lo que es lo mismo, un nombre registrado en la base de datos de Internic.

El sistema DNS es una gran base de datos distribuida a través de múltiples servidores por todo el mundo. La estructura de los DNS tiene una estructura jerárquica arborescente donde en la parte superior nos encontraremos en el primer nivel 0 con el nodo raíz ".".Q. En el nivel 1 nos vamos a encontrar con los **TLD**; en el segundo nivel, con los nombres de los dominios, y en el tercer nivel, con los subdominios.

Todos los elementos de la jerarquía van a contar con al menos un carácter y como máximo 63 caracteres alfanuméricos (además del símbolo -). Nunca comenzarán por "-".

Esta estructura se obtiene a partir del árbol, construyendo el dominio desde abajo hasta arriba, incluido el punto final y como máximo tiene 256 caracteres.

Servidores raíz (datos recogidos de http://www.internic.net/domain/named. root):

```
          3600000   NS   A.ROOT-SERVERS.NET.
A.ROOT-SERVERS.NET.   3600000   A   198.41.0.4
A.ROOT-SERVERS.NET.   3600000   AAAA 2001:503:ba3e::2:30
;
; FORMERLY NS1.ISI.EDU
;
.         3600000   NS   B.ROOT-SERVERS.NET.
B.ROOT-SERVERS.NET.   3600000   A   192.228.79.201
B.ROOT-SERVERS.NET.   3600000   AAAA 2001:500:84::b
;
```

```
; FORMERLY C.PSI.NET
;
.                3600000    NS    C.ROOT-SERVERS.NET.
  C.ROOT-SERVERS.NET.    3600000    A    192.33.4.12
  C.ROOT-SERVERS.NET.    3600000    AAAA 2001:500:2::c
;
; FORMERLY TERP.UMD.EDU
;
.                3600000    NS          D.ROOT-SERVERS.NET.
  D.ROOT-SERVERS.NET.    3600000    A    199.7.91.13
  D.ROOT-SERVERS.NET.    3600000    AAAA 2001:500:2d::d
;
; FORMERLY NS.NASA.GOV
;
.                3600000    NS          E.ROOT-SERVERS.NET.
  E.ROOT-SERVERS.NET.    3600000    A    192.203.230.10
;
; FORMERLY NS.ISC.ORG
;
.                3600000    NS          F.ROOT-SERVERS.NET.
  F.ROOT-SERVERS.NET.    3600000    A    192.5.5.241
  F.ROOT-SERVERS.NET.    3600000    AAAA 2001:500:2f::f
;
; FORMERLY NS.NIC.DDN.MIL
;
.                3600000    NS          G.ROOT-SERVERS.NET.
  G.ROOT-SERVERS.NET.    3600000    A    192.112.36.4
;
; FORMERLY AOS.ARL.ARMY.MIL
;
.                3600000    NS          H.ROOT-SERVERS.NET.
  H.ROOT-SERVERS.NET.    3600000    A    128.63.2.53
  H.ROOT-SERVERS.NET.    3600000    AAAA 2001:500:1::803f:235
;
```

```
; FORMERLY NIC.NORDU.NET
;
.                       3600000    NS          I.ROOT-SERVERS.NET.
   I.ROOT-SERVERS.NET.  3600000    A    192.36.148.17
   I.ROOT-SERVERS.NET.  3600000    AAAA 2001:7fe::53
;
; OPERATED BY VERISIGN, INC.
;
.                       3600000    NS          J.ROOT-SERVERS.NET.
J.ROOT-SERVERS.NET.     3600000    A    192.58.128.30
J.ROOT-SERVERS.NET.     3600000    AAAA 2001:503:c27::2:30
;
; OPERATED BY RIPE NCC
;
.                       3600000    NS          K.ROOT-SERVERS.NET.
K.ROOT-SERVERS.NET.     3600000    A    193.0.14.129
K.ROOT-SERVERS.NET.     3600000    AAAA 2001:7fd::1
;
; OPERATED BY ICANN
;
.                       3600000    NS          L.ROOT-SERVERS.NET.
   L.ROOT-SERVERS.NET.  3600000    A    199.7.83.42
   L.ROOT-SERVERS.NET.  3600000    AAAA 2001:500:3::42
;
; OPERATED BY WIDE
;
.                       3600000    NS          M.ROOT-SERVERS.NET.
M.ROOT-SERVERS.NET.     3600000    A    202.12.27.33
M.ROOT-SERVERS.NET.     3600000    AAAA 2001:dc3::35
```

Este es el conjunto de servidores raíz (pueden variar sus nombres y/o direcciones IPv4 o IPv6). A partir de aquí, enlazan con todos los DNS distribuidos por Internet.

¿Cómo se puede conocer la dirección IP de un dominio de Internet? En el ejemplo de la Figura 1.10 se puede observar una muestra de cómo funciona la herramienta **nslookup** que realiza búsquedas de un dominio y su correspondencia con un servidor donde está ubicado su alojamiento, en este caso web.

```
root@linux:/# nslookup www.nic.es
Server:          192.168.1.3
Address:         192.168.1.3#53

Non-authoritative answer:
Name:    www.nic.es
Address: 194.69.254.54
```

Figura. 1.10.

1.4.5. Ámbitos: Internet, Intranet y Extranet. Consideraciones de seguridad. Cortafuegos

De Internet ya se ha desarrollado anteriormente con suficiente amplitud. Primero, se va a realizar una definición de Intranet y de Extranet.

Una **Intranet** es una red informática que utiliza la tecnología del protocolo de Internet para compartir información, sistemas operativos y/o servicios de computación dentro de una organización. Habitualmente se implementa en una infraestructura de red local (LAN).

¿Es necesario dar de alta un nombre de dominio para acceder a estos servicios? No necesariamente; se podrán implementar todos los servicios necesarios para que funcione una Intranet con dominios de índole local y sin registrar. Lo primero será tener un servicio DNS en alguno de los servidores, los ordenadores que actúen como clientes deben configurarse para que busquen, también, en el servidor DNS que está implementado en la organización. A partir de este punto, se dispondrá de una Intranet básica. En la figura 1.10 se muestra cómo está implementado un servidor DNS que actúa como "resolución de nombres de dominio" y como servicio de DNS caché.

¿Se podría acceder a través de Internet a los servicios de una Intranet? Sí, se puede hacer, porque utiliza los mismos protocolos que Internet, pero deben tenerse ciertas consideraciones para tener la posibilidad de acceder a estos servicios.

Una **Extranet** es una red privada que utiliza protocolos de Internet (TCP/IP, HTTP, etc.), protocolos de comunicación y probablemente infraestructura pública de comunicación para compartir, de forma segura, parte de la información u operación propia de una organización con proveedores, compradores, socios, clientes o cualquier otro negocio u organización.

Es muy común utilizar el término de Extranet en entornos web donde se requiere la introducción de credenciales para acceder a los servicios que se ofrecen en una Extranet.

Consideraciones de seguridad. Cortafuegos

Uno de los problemas a la hora de implementar redes de carácter Intranet y/o Extranet/Internet es la exposición de servidores a que cualquier usuario de Internet acceda a esos servicios. Por ejemplo: si se instala un servidor web en una máquina con IP pública o está "detrás" de un rúter con IP pública, se deberá tener especial cuidado con las medidas de seguridad que impidan acceso no deseado al servidor, prever ataques DOS (*Denial of Service*) y DDOS (*Distributed Denial of Service*), ataques de fuerza bruta para "reventar" claves, escalar privilegios, etcétera.

Existen diversas estrategias de seguridad. Lo primero será configurar convenientemente el servidor web. Deberán realizarse pruebas de estrés para comprobar la robustez del sistema. Una vez comprobado el correcto funcionamiento del servidor, se debe actuar sobre otras medidas de seguridad: comprobar qué puertos escucha el servidor y las medidas de seguridad de cada uno de los servicios que emplea configurando, si es necesario, los servicios de forma adecuada. Si no son necesarios, desactivarlos.

Otra medida es utilizar un cortafuegos configurándolo, teniendo en cuenta dos situaciones: limitar y/o controlar el tráfico de afuera hacia dentro y, por otro lado, de dentro hacia fuera. Los cortafuegos pueden ser de tipo *hardware* o de tipo *software*.

De tipo *hardware* es aquel que, físicamente, está entre el rúter y el servidor. Controla todo el tráfico de entrada/salida hacia/desde el servidor aplicando las reglas que previamente hayamos configurado. Realmente este cortafuegos es un ordenador con un *software* específico para cumplir con este cometido.

En el caso de *software,* es una aplicación en el propio servidor que actúa por los mismos principios que el de *hardware*.

Ejemplo de cortafuegos por *software* en la Figura 1.11. Los sistemas operativos basados en GNU/Linux disponen de un cortafuegos en su propio núcleo (*kernel*) lo que le confiere una potente herramienta de seguridad.

```
Chain FORWARD (policy ACCEPT)
target     prot opt source                destination

Chain OUTPUT (policy ACCEPT)
target     prot opt source                destination

Chain fail2ban-SSH (1 references)
target     prot opt source                destination
DROP       all  --  208.50.174.61.dial.wz.zj.dynamic.163data.com.cn  anywhere
DROP       all  --  103.41.124.59          anywhere
DROP       all  --  60.173.14.149          anywhere
DROP       all  --  231.51.174.61.dial.wz.zj.dynamic.163data.com.cn  anywhere
DROP       all  --  232.51.174.61.dial.wz.zj.dynamic.163data.com.cn  anywhere
DROP       all  --  103.41.124.106         anywhere
DROP       all  --  184.173.137.122-static.reverse.softlayer.com  anywhere
DROP       all  --  210.51.174.61.dial.wz.zj.dynamic.163data.com.cn  anywhere
DROP       all  --  198.51.174.61.dial.wz.zj.dynamic.163data.com.cn  anywhere
DROP       all  --  60.173.26.16           anywhere
DROP       all  --  122.225.97.90          anywhere
DROP       all  --  216.51.174.61.dial.wz.zj.dynamic.163data.com.cn  anywhere
DROP       all  --  122.225.109.203        anywhere
RETURN     all  --  anywhere               anywhere

Chain fail2ban-named-refused-tcp (1 references)
target     prot opt source                destination
RETURN     all  --  anywhere               anywhere

Chain fail2ban-named-refused-udp (1 references)
target     prot opt source                destination
DROP       all  --  dnsint02.dinaserver.com  anywhere
DROP       all  --  dnsint01.dinaserver.com  anywhere
DROP       all  --  d723.dinaserver.com  anywhere
RETURN     all  --  anywhere               anywhere

Chain fail2ban-postfix (1 references)
target     prot opt source                destination
RETURN     all  --  anywhere               anywhere

Chain fail2ban-sasl (1 references)
target     prot opt source                destination
RETURN     all  --  anywhere               anywhere

Chain fail2ban-vsftpd (1 references)
target     prot opt source                destination
RETURN     all  --  anywhere               anywhere
```

Figura. 1.11.

ACTIVIDADES

1.1. La red ARPA era:

    a. Una red mixta: civil, militar y científica.

    b. Una red militar.

    c. Una red universitaria con el fin de intercambiar conocimientos científicos.

    d. La World Wide Web.

1.2. El modelo del primer ordenador que permitía la visualización de páginas web fue:

    a. PC IBM.

    b. Olivetti.

    c. HP.

    d. Next.

1.3. ¿Cuál fue el primer lenguaje de marcas que se utilizó para construir las páginas web?

    a. HTTP.

    b. HTML.

    c. WWW.

    d. CSS.

1.4. ¿Qué protocolo se utilizó en las primeras transferencias de datos?

    a. HTTP.

    b. HTML.

    c. WWW.

    d. CSS.

1.5. Para enviar y recibir correos, ¿cuáles son los protocolos más utilizados?

    a. Correo web.

    b. SMTP.

    c. IMAP.

    d. SMTP e IMAP.

1.6. El protocolo más utilizado hasta la llegada de la nube fue:

   a. TCP/IP.

   b. FTP.

   c. HTTP.

   d. HTTPS.

1.7. ¿Qué protocolo se utilizaba para administrar servidores de forma remota que ha caído en desuso por sus problemas de seguridad?

   a. Telnet.

   b. SSH.

   c. HTTPS.

   d. VNC.

1.8. En el modelo TCP/IP. La capa Internet corresponde a:

   a. Red física.

   b. Enlace de datos.

   c. Transporte.

   d. IP.

1.9. ¿Cuál de los siguientes protocolos no corresponde con la capa de "Aplicación"?

   a. TCP.

   b. RIP.

   c. DNS.

   d. LDAP.

1.10. El protocolo UDP corresponde al nivel de…

   a. Aplicación.

   b. Transporte.

   c. Enlace.

   d. No existe tal protocolo.

1.11. El protocolo TCP es más fiable que el UDP. Indica si es verdadero o falso.

   a. Verdadero.

   b. Falso.

1.12. En IPv4. Una red con máscara 255.255.0.0 es del tipo de red…

    a. A.

    b. B.

    c. C.

    d. D.

1.13. La red 127.0.0.0/8 corresponde a…

    a. Tipo A.

    b. Tipo B.

    c. Tipo D.

    d. LoopBack.

1.14. ¿Cuántos campos tiene una IPv6?

    a. 8.

    b. 4.

    c. 2.

    d. 16.

1.15. Los dominios cualificados que deben ser reservados son de:

    a. Primer nivel.

    b. Segundo nivel.

    c. Tercer nivel.

    d. Ninguna respuesta es correcta.

1.16. Un usuario u organización ¿tiene que contratar un dominio de tercer nivel?

    a. Sí, debe contratar los nombres en cualquier nivel.

    b. Solo hasta el tercer nivel.

    c. Solo el primer nivel.

    d. A partir del segundo nivel puede crearlos en sus registros DNS.

1.17. ¿En qué web puede comprobarse, con precisión, si un dominio está registrado?

    a. Solo en la web del proveedor.

    b. En la web de la organización o institución que es la encargada de su custodia (internic.net, dominios.es, etc.).

    c. Solo se pueden comprobar mediante correo electrónico.

    d. Ninguna es correcta.

1.18. **Los servicios DNS tienen como función principal...**

a. "Traducir" un nombre de dominio a una IP.

b. Comunicarse con el servidor invocado.

c. Comunicarse con el proveedor de servicios para encontrar un sitio de Internet.

d. Conocer todos los nombres de dominios cualificados y no cualificados de internet, incluido la Dark Web.

1.19. **Una Intranet es...**

a. Cualquier red local.

b. Una red informática que utiliza tecnología TCP/IP.

c. Una red Token Ring.

d. Una red coaxial.

1.20. **Un cortafuegos tiene como función...**

a. No permitir el acceso de usuarios a ciertos sitios.

b. No permitir el acceso de equipos externos a la red interna.

c. Controlar el flujo de red entre las redes internas y externas.

d. Gestión de políticas de denegación y permisos entre distintas redes.

ACTIVIDAD PRÁCTICA

Crear una máquina virtual con GNU/Linux con soporte web, Apache2, PHP5, MySQL y servidor FTP, servidor SSH y servidor de correo.

2. La World Wide Web

Introducción

La **World Wide Web,** o la web, como se denomina comúnmente, es un sistema de distribución de documentos de hipertexto accesibles a través de la red. ¿Qué tipo de red? Básicamente cualquier red. Hoy en día está tan desarrollado el sistema que hasta cualquier dispositivo informático puede ofrecer y leer un documento escrito en hipertexto. Y, ¿qué se necesita para conseguirlo? Se necesita un servidor web para atender las peticiones de los dispositivos de la red y el dispositivo cliente que realiza la petición necesitará un navegador que traduzca el documento de hipertexto que le ofrece el servidor web.

En sus inicios se necesitó de ordenadores servidores dedicados, casi en exclusiva, para atender las peticiones de los ordenadores clientes. El coste de implementar un servidor de estas características era tan alto que resultaba difícil su divulgación. Solo instituciones, públicas y/o privadas, y grandes empresas podían permitirse realizar un montaje de tal magnitud.

¿Qué organismo se encarga de velar por la uniformidad de los formatos de hipertexto para el desarrollo de los documentos web? El consorcio W3C.

W3C (World Wide Web Consortium - http://www.w3c.org) realiza propuestas de estandarización sobre formatos de hipertexto. Estas propuestas no son de obligado cumplimiento. Es más, los propietarios de los navegadores implementan elementos que diferencien su navegador de los demás.

En su momento, ya existió una guerra de navegadores web entre Netscape e Internet Explorer. Obligaba a todos los desarrolladores a realizar el documento pensando qué navegador iba a traducir la página. Se tenía la paradoja de que en un navegador se observaba bien el sitio web y en otro no. La W3C consigue que, al menos, haya un formato mínimo con el que el usuario podrá visualizar el sitio web de manera correcta sin perder detalles.

Uno de los errores más comunes es la creencia de que web es lo mismo que Internet. El lector debe tener claro que la web solo se trata de la transferencia de documentos entre un servidor web y un cliente web (navegador). El navegador realiza una petición de un documento (archivo) a un servidor. Este se lo entrega, si lo tiene, y el navegador interpreta su lenguaje de marcas dando como resultado final el documento formateado para su posterior visualización e interactuación con el sitio web.

Contenido

2.1. Breve historia de la World Wide Web

La World Wide Web nació como una necesidad de comunicación.

Hasta entonces, la forma de compartir archivos entre las distintas instituciones era con documentos que se editaban mediante TeX y PostScript, pero estos lenguajes eran demasiado complicados teniendo en cuenta que debían ser leídos por todo tipo de ordenadores, desde simples terminales "tontos" hasta estaciones de trabajo gráficas X-Windows (entornos gráficos de sistemas operativos Unix). Antes de 1990, Internet era una red de ordenadores unidos sin ningún criterio común y, además, no se podía cruzar de una dirección a otra pulsando un enlace como ahora. Se debía conocer la dirección exacta del servidor al que se deseaba acceder. Tampoco existían los buscadores que indexaran el contenido de la web, ni se podían integrar imágenes en la pantalla puesto que no existían equipos con interfaz gráfica.

Figura. 2.1.

El nacimiento de la web fue desarrollado entre marzo de 1989 y diciembre de 1990 por el inglés Tim Berners-Lee —investigador especializado en telecomunicaciones y colaborador del Laboratorio Europeo de Física de Partículas (CERN)—, ayudado por el belga Robert Cailliau. Trabajaban en el CERN (Centre Européen de Recherche Nucléaire) en Ginebra, Suiza, y publicaron su trabajo en 1992.

Durante 1989 se realizaron diversos experimentos con el objetivo de crear un sistema de comunicación entre los científicos de física nuclear de todo el mundo en el CERN, se probaron diversas técnicas sobre redes para conectarse a Internet, y se llegaron a estandarizar los protocolos de conexión TCP/IP que se utilizan hoy en día. En marzo de ese mismo año, Tim Berners-Lee propone al CERN utilizar un sistema de comunicación basado en el hipertexto para lograr ese flujo de información entre los científicos. Nació **HTML** (*Hyper-Text Markup Language*, o lenguaje de etiquetas de hipertexto). Y el protocolo que se utilizó fue **HTTP** (*HyperText Transfer Protocol*). Y el sistema de localización de objetos en la web, **URL** (*Uniform Resource Locator*).

La propuesta de 1989 fue destinada a un sistema de comunicación CERN, pero Berners-Lee se dio cuenta de que el concepto podría aplicarse en todo el mundo. En el CERN, Berners-Lee y el científico de la computación belga Robert Cailliau propusieron en 1990 utilizar el hipertexto "para vincular y acceder a información de diversos tipos como una red de nodos en los que el usuario puede navegar a voluntad", y Berners-Lee terminó el primer sitio web en diciembre de ese año. Berners-Lee publicó el proyecto en el grupo de noticias alt.hypertext el 7 de agosto de 1991.

Desde entonces, Berners-Lee juega un papel activo guiando el desarrollo de los estándares web. Utilizando los conceptos de sus anteriores sistemas de hipertexto como **ENQUIRE** (permitía almacenar piezas de información y conectarlas, y se ejecutaba en un entorno multiusuario con lo que permitía acceder a la información a varias personas a la vez), actualmente como director del World Wide Web Consortium (W3C).

A partir de este punto su evolución ha sido imparable hasta nuestros días. Se podrían dividir las distintas fases de su evolución por periodos.

En la Figura 2.1 se muestran los cuatro navegadores actualmente más reconocidos entre los usuarios de Internet.

1992–1995: crecimiento de la WWW

Los primeros en adoptar este sistema de intercambio de documentación fueron los pioneros del intercambio de conocimiento en general, es decir, instituciones científicas como los departamentos científicos de universidades o laboratorios de física.

En estos inicios la WWW deberá convivir con otro protocolo, GOPHER, lo que provocará que algunos documentos HTML tengan vínculos GOPHER incrustados que nada tienen que ver con el protocolo HTTP que utilizamos en los documentos de hipertexto. Así, los primeros usuarios web podían navegar por páginas de directorios o mediante consultas a listas actualizadas.

En estos primeros inicios no estaba disponible ningún navegador gráfico. Solo existía un navegador gráfico, WorldWideWeb, para equipos basados en NeXT. El que se considera como primer navegador gráfico de la historia fue **ViolaWWW**, creado por Pei-Yuan Wei, solo soportaba gráficos *bitmap* en blanco y negro, y su funcionalidad se restringía a entornos X-Windows sobre sistemas operativos Unix. Sin embargo, su visión llegaba más lejos que su sucesor, MOSAIC. ¿Por qué? Porque incluía un lenguaje de *scripts* en el lado cliente (JavaScript lo es), un modelo de objetos similar a DOM, hojas de estilo, etcétera.

Debes saber

GOPHER es un servicio de Internet consistente en el acceso a la información a través de menús. La información se organiza en forma de árbol: solo los nodos contienen menús de acceso a otros menús o a hojas, mientras que las hojas contienen simplemente información textual. En cierto modo es un predecesor de la web, aunque solo se permiten enlaces desde nodos-menús hasta otros nodos-menús o a hojas, y las hojas no tienen ningún tipo de hiperenlaces.

Gopher es uno de los sistemas de Internet para recuperar información que precedió a la World Wide Web.

Primeros navegadores

Puede considerarse al navegador MOSAIC como sucesor de ViolaWWW, sin embargo fue el primer navegador web para el sistema operativo Microsoft Windows. Esto fue en el año 1993.

Fue creado en el NCSA en enero de 1993 por Marc Andreessen (quien añadió una funcionalidad que perdura hasta ahora. Desarrolló la posibilidad de acceso a páginas en disco mediante protocolo file://) y Eric Bina. Su primera versión funcionaba sobre sistemas Unix en entornos gráficos (X-Windows), pero en agosto del mismo año se crearon versiones para Windows y Macintosh.

Además, tenía la funcionalidad de poder acceder, aparte de utilizar el protocolo HTTP, a servidores mediante protocolos adicionales como GOPHER, USENET News mediante NNTP y FTP.

En 1996 produjo su última versión Windows, NCSA Mosaic v3.0. Era capaz de montar imágenes JPEG y GIF, pero no PNG. HTML 2 fue la última versión de lenguaje de marcas para documentos web que llegó a interpretar.

También en 1993 se creó el primer navegador específico para Microsoft Windows, concretamente para la versión 3.1 (realmente no era un sistema operativo porque necesitaba del sistema operativo MS-DOS para arrancar el *software* que le daba la apariencia gráfica del sistema operativo tal como lo entendemos hoy en día). Fue escrito por Thomas R. Bruce para el Instituto de Información Legal de la Escuela de Derecho de la Universidad Cornell para proveer información legal. Fue liberado en junio de 1993.

En diciembre de 1994 apareció Navigator, de Netscape. Netscape hizo gratuita la disponibilidad de su *software* ya que tenía, entre sus políticas de empresa, la idea de que el *software* para Internet no debía tener coste para el usuario.

¿Por qué Navigator de Netscape podría considerarse el sucesor de Mosaic? Después de su graduación de UIUC, Andreessen y James H. Clark, antiguo CEO de Silicon Graphics, fundaron la antigua Mosaic Communications Corporation para desarrollar el navegador Mosaic comercialmente. La compañía cambió su nombre a Netscape en abril de 1994 y el navegador fue desarrollado luego como Netscape Navigator.

Organización de la web

En mayo de 1994 se realizó la primera Conferencia Internacional de la WWW, organizada por Robert Cailliau, se realizó en el CERN.

En septiembre de 1994 Berners-Lee fundó el World Wide Web Consortium (W3C) en el Instituto Tecnológico de Massachusetts con la ayuda de la Agencia de Investigación de Proyectos Avanzados de Defensa (DARPA) y la Comisión Europea. Esto comprometió a varias compañías que fueron creando estándares y recomendaciones para la web. Berners-Lee hizo la web disponible libremente sin patentes ni pago de derechos de autor. El W3C decidió que los estándares deberían estar basados en tecnologías libres de derechos de autor, así serían fácilmente adoptados por cualquiera.

1996–1998: comercialización en la web

Auge de las compañías puntocom (.com). Alrededor de 1996 el uso de la web, aunque incrementándose, era minoritario globalmente. Solo era interesante bajo el concepto de compartición del conocimiento. Esto, obviamente, no resultaba atrayente para las empresas con ánimo de lucro. La gente vio principalmente las posibilidades de libre publicación e instantánea información mundial.

Sin embargo, ante el incremento incesante del uso de Internet por parte de la gente en general, no se les escapó la oportunidad de negocio. Empezaron primero los sitios web corporativos y, posteriormente, el comercio electrónico.

1999-2001: Empresas puntocom (.com) auge y desplome

Debido al alto interés empresarial entre los años 1998-1999, hubo un elevado incremento de las empresas *startup*. Muchos de sus componentes tenían planes más o menos realistas, pero poca habilidad administrativa; aun así, consiguieron vender sus proyectos y atraer a inversores ávidos de nuevas ideas ante un mercado poco explorado. Esto permitió la afloración de las empresas puntocom (.com) que fue denominada como burbuja de las puntocom (del inglés *dot-com bubble*) o burbuja tecnológica.

El punto culminante de la burbuja fue el 10 de marzo de 2000, cuando el índice NASDAQ alcanzó un máximo de 5132,52 puntos.

En 2001 la burbuja se fue desinflando a toda velocidad. La mayoría de las empresas puntocom cesaron sus actividades cuando no obtuvieron beneficios y ya no disponían de más capital riesgo.

Esto provocó un cambio de orientación. Algunas empresas sobrevivieron y, además, prosperaron. Pero el cambio de orientación del negocio cambió. Así, muchas empresas minoristas encontraron en la red una oportunidad de incrementar su comercialización conviviendo su negocio de toda la vida a pie de calle con la apertura de una tienda virtual en Internet que atiende veinticuatro horas al día, trescientos sesenta y cinco días al año por un bajo coste de mantenimiento.

Otro ejemplo es la venta de medios de comunicación, editores de periódicos y transmisiones de radio y/o televisión, que encontraron un medio no tradicional para la distribución de contenido donde poder generar ingresos adicionales por publicidad o por venta de contenidos.

Para saber más...

Startup: compañía de arranque, innovadora e incipiente. Emprende o monta un nuevo negocio con ideas o proyectos con cierto riesgo y pocos recursos, apoyada en tecnología. Es decir, son empresas emergentes apoyadas en la tecnología.

Del 2002 al presente: la web se vuelve omnipresente

Después de la debacle de las empresas puntocom, de la que solo algunas grandes compañías sobrevivieron, era imprescindible reorientar este tipo de negocios.

Uno de los principales problemas residía en las infraestructuras de comunicación: eran caras y lentas. Era imprescindible la inversión en la mejora de las infraestructuras de comunicaciones (en muchos casos el cableado de acceso a Internet que se usaba era el mismo que el de la comunicación por conmutación, es decir, telefonía). Era necesario invertir en infraestructuras para conseguir alta velocidad en la conexión a Internet y, a la vez, que esta fuera más asequible económicamente para los usuarios.

¿Qué grandes empresas tuvieron éxito? Las compañías aéreas con las reservas *online*, el motor de búsqueda Google y la venta de productos de segunda mano, como eBay y Amazon. Y no podemos olvidarnos de la primera generación de redes sociales, como MySpace, Tuenti, Facebook, YouTube, Flickr y otras.

Un hecho importante en este periodo fue la creación de nuevos métodos de compartición e intercambio de contenido a través de la red, nacen los blogs y RSS (Really Simple Syndication o sindicación realmente simple), que fueron de gran aceptación. Este nuevo modelo requería de un cambio del sistema de creación o actualización web en el servidor donde está alojado. Es decir, había que facilitar la edición de contenidos evitando la utilización de diversos protocolos para actualizar la web; por ejemplo: utilización del protocolo FTP. Siguiendo el principio DIY (*Do It Yourself*, 'hágalo usted mismo'), el usuario puede utilizar la misma herramienta, navegador web, de visionado para crear y/o editar contenidos. Nace la web 2.0.

¿En qué consiste la web 2.0? La web 2.0 es la evolución de la web en la que los usuarios dejan de ser usuarios pasivos, en la que solo leen contenidos de la web, para convertirse en usuarios activos, que participan y contribuyen en el contenido de la red, siendo capaces de dar soporte y formar parte de una sociedad que se informa, comunica y genera conocimiento.

Esto provoca una rápida evolución de todo el lenguaje de hipertexto con sucesivas estandarizaciones del lenguaje HTML, actualmente está activa **HTML5**, la integración de JavaScript (lenguaje de *scripts* del lado del cliente) como objeto activo en todo el proceso de montado y ejecución utilizando herramientas **AJAX** del propio lenguaje. Al mismo tiempo, han evolucionado las CSS (*cascading style sheets*, 'hojas de estilo en cascada') que, asimismo, es un lenguaje usado para definir la presentación de un documento estructurado escrito en HTML.

Los estándares web deben ser capaces de adaptarse a los nuevos tiempos. Hoy en día hay múltiples dispositivos que son capaces de acceder a Internet y, por lo tanto, de acceder a los sitios web. Debido a esta circunstancia los sitios web deben ser capaces de adaptar el contenido al dispositivo que accede. El sitio web debe tener **adaptabilidad** en función del dispositivo y no viceversa. Por ejemplo, la presentación de una web no puede ser igual en un ordenador con una pantalla de 19 pulgadas que en un móvil que tiene, más o menos, 4,8 pulgadas. La página web debe interactuar con el dispositivo y presentar la información adaptándose a dicho dispositivo.

En la Figura 2.2 se observa código de un típico documento web: codificación HTML, inserción de JavaScript y CSS.

```
 6   <meta http-equiv="imagetoolbar
 7   <meta http-equiv="expires" con
 8   <meta name="author" content="e
 9   <meta name="publisher" content
10   <meta name="copyright" content
11   <meta name="Revisit-after" con
12   <meta name="title" content="In
13   <meta name="Keywords" content=
14   <meta name="Description" conte
15   <meta name="Creator" content="
16   <meta name="Pagetopic" content
17   <meta name="Pagetype" content=
18   <meta name="Audience" content=
19   <meta name="Content-language"
20   <meta name="ROBOTS" content="A
21   <link rel="shortcut icon" href
22   <link rel="stylesheet" href="c
23   <style type="text/css">
24   <!--
25   #tabla {
26         height: 100%;
27   }
28   -->
29   </style>
30   <script language="javascript"
31   </head>
32
33   <body topmargin="0" marginheig
34   <table border="0" align="cente
35     <tr>
36       <td width="7" background=":
37       <td colspan="2"><img src=":
38       <td width="7" background=":
39     </tr>
40     <tr>
41       <td background="images/ent
42       <td width="171" valign="to
```

Figura. 2.2.

Actualmente, estamos viviendo la web 3.0 que implica el uso de la IA (inteligencia artificial). Aunque denominar una versión posterior a la 2.0 como evolución natural no deja de ser algo controvertido.

Parece obvio que la tendencia es crear una web semántica, la web 3.0. ¿En qué consiste? Lo podríamos definir como un conjunto de actividades desarrolladas en el seno del World Wide Web Consortium, tendentes a la creación de tecnologías (como la IA), para publicar datos legibles por aplicaciones informáticas. Se basa en la idea de añadir metadatos **semánticos** y **ontológicos** a la World Wide Web.

¿Qué se conseguiría? Pues, por ejemplo, se produciría una unificación de las comunidades sociales para lograr que el usuario tuviera una sola identidad en Internet.

Otro ejemplo es que la web se acerque más al lenguaje natural humano. Esto posibilitaría el acercamiento de la web hacia formas naturales de comunicación humana.

Las distintas tecnologías que permitirían desarrollar la web 3.0 son:

- **RDF (*Resource Description Framework*)**: es un modelo de datos para metadatos. Realiza la conversión de los recursos en expresiones como si fuera una oración. Es decir, con la forma de sujeto, predicado y objeto.

- **RDF Schema**: es una extensión semántica de RDF. Un lenguaje primitivo de ontologías que proporciona los elementos básicos para la descripción de vocabularios.

- **OWL (*Web Ontology Language*)**: es un lenguaje de marcado para publicar y compartir datos usando ontologías en la web. OWL tiene como objetivo facilitar un modelo de marcado construido sobre RDF y codificado en XML.

- **XML (*eXtensible Markup Language*)**: lenguaje extensible de marcas. Es un lenguaje de marcas desarrollado por el World Wide Web Consortium (W3C) utilizado para almacenar datos en forma legible.

Pero, en fin, falta aún por unificar criterios para consolidar como alternativa seria de desarrollo esta idea.

Para saber más...

AJAX: *Asynchronous JavaScript And XML.*

Es una técnica de desarrollo web para crear aplicaciones interactivas o RIA *(Rich Internet Applications)*. Estas aplicaciones se ejecutan en el cliente, es decir, en el navegador de los usuarios mientras se mantiene la comunicación asíncrona con el servidor en segundo plano. De esta forma, es posible realizar cambios sobre las páginas sin necesidad de recargarlas, mejorando la interactividad, velocidad y usabilidad en las aplicaciones.

2.2. Arquitectura general de la web

¿Qué es *arquitectura*? Según la RAE es "Arte de proyectar y construir edificios" o en su acepción informática "Estructura lógica y física de los componentes de un computador". Pero si se centra en la web se podría describir como el arte de planear, diseñar y construir un sitio web.

Pero ¿qué debe tenerse en cuenta a la hora de planear un sitio web? Debe tenerse en consideración los siguientes apartados a la hora de planear una web: accesibilidad, navegabilidad y usabilidad.

- **Accesibilidad**: se refiere a la posibilidad de acceso a la misma para todas las personas, con independencia de sus características físicas individuales o las características del contexto de uso (tecnologías disponibles: monitor de ordenador, tableta, móvil, etcétera).

Para conseguir este objetivo debe tenerse en cuenta que el diseño de las páginas contemple las necesidades del público al que va dirigido. No solo centrarse en el diseño entendido como algo atractivo, sino en las necesidades de los potenciales usuarios que acceden al sitio web observando las diferentes necesidades por discapacidad física, como las personas con hipoacusia, con problemas visuales, etcétera.

Además de los problemas de carácter fisiológico, se deben valorar los problemas tecnológicos: ordenadores sin audio, fuentes de letras, teléfonos móviles, tabletas, variedad de sistemas operativos, etcétera.

- **Navegabilidad**: este aspecto se refiere a la facilidad con que un usuario puede desplazarse a través del sitio web sin perderse. Si un sitio web es claro, sencillo, comprensible, ofrece al usuario una experiencia satisfactoria.

Cuando se diseña un sitio web debe proporcionarse al usuario una serie de recursos y estrategias para que logre conseguir, con autonomía y rapidez, la información que está buscando. Un sitio web tiene un nivel óptimo de navegabilidad cuando su interfaz le responde al usuario las siguientes preguntas: ¿dónde estoy?, ¿dónde he estado?, ¿dónde puedo ir?

- **Usabilidad**: es el término que se utiliza para analizar la mejor forma de diseñar sitios web para que los usuarios puedan interactuar con ellos de la forma más fácil, cómoda e intuitiva posible.

Usabilidad = Efectividad + Eficiencia + Satisfacción

La Organización Internacional para la Estandarización (ISO) ofrece la siguiente definición de usabilidad: "La usabilidad se refiere a la capacidad de un *software* de ser comprendido, aprendido, usado y ser atractivo para el usuario, en condiciones específicas de uso".

2.2.1. Principios para el diseño de sistemas web

Existen herramientas que permitirán crear, de una forma fácil y sencilla páginas web eficientes. Pero, aun así, deben tenerse en cuenta una serie de valoraciones:

¿Qué idea se tiene?, ¿cómo ajustarla al proceso de diseño? La respuesta estará condicionada por el público a quien va dirigida la web.

¿Qué se entiende por páginas web eficaces? Aquellas cuyos contenidos son adecuados a los usuarios a los que va dirigido y, además, su navegación (navegabilidad) es adecuada.

Si se va a construir un sitio web se podrán seguir unos sencillos consejos contestando a las siguientes preguntas:

- **¿A quién va dirigido el sitio web?**

  Debe motivarse, provocando positivamente, a los potenciales usuarios. El trato debe ser respetuoso y siempre será buena idea ofrecer la posibilidad de comunicarse con el responsable del sitio. Bien utilizando las herramientas de la web 2.0, o bien una página de contacto. Esto generará confianza.

  Deben establecerse unos objetivos claros en cuanto al diseño y que estos puedan cuantificarse. En el momento del diseño no es válido actuar de forma anárquica en cuanto a la estructura del sitio. Por ejemplo, cada página tiene una estructura distinta y/o formato diferente rompiendo el principio accesibilidad y navegabilidad, y su usabilidad será dudosa.

  Si el sitio cosecha éxitos y/o críticas constructivas u otro tipo de comentarios que el administrador considera apropiados, es conveniente hacerlo saber.

  Otra buena idea es que exista un apartado de ayuda de cómo navegar adecuadamente a través de la web. Por ejemplo, con un mapa del sitio.

  No hay que olvidar que una aplicación web debe cumplir con los objetivos que se han establecido.

- **¿Qué contenidos se quiere dar a los potenciales usuarios o público al que va dirigido?**

  Debe definirse qué contenidos se quiere transmitir en la web y centrarse en ellos. Si se está centrado en los contenidos, se utilizará un lenguaje adecuado y comprensible, las imágenes u otros elementos audiovisuales que se ofrecen tienen relación con el contenido que se quiere transmitir, y todos estos elementos están correctamente estructurados. El público al que va dirigido prestará la suficiente atención como para comunicarse con otros potenciales usuarios y aconsejar su visita consiguiendo, por tanto, un aumento del público.

- **¿Contenido escrito o imágenes y contenido multimedia?**

    No debe abusarse ni de uno ni de otro. El visitante web es muy visual. Para conseguir su atención se debe realizar un diseño cuidado y atractivo primero a golpe de vista. Pero no solo vale el golpe de vista, debe ofrecerse contenido tanto visual como escrito.

    El procedimiento sería: darle contenido textual cuidando su lenguaje, a partir de ahí debe analizarse qué tipo de imágenes, fotos o contenido multimedia puede acompañar adecuadamente al texto, de tal manera que enriquezca la idea que se quiere transmitir.

- **¿Qué se debe y no se debe hacer?**
    1. Elegir un fondo y un color de texto con gran contraste para evitar el cansancio visual.
    2. Ser coherente con el formato del texto.
    3. Evitar cambios de color innecesarios.
    4. Evitar cursivas, cambios de color, subrayado (habitualmente se utiliza en los enlaces a otras páginas, o *links*).
    5. Evitar los textos excesivamente largos.
    6. Si se quiere transmitir una idea a través del texto, debe evitarse utilizar imágenes que desvíen la atención. Por lo que será muy buena idea insertar imágenes sencillas, reducidas (pequeñas) e inmóviles para ilustrar el contenido.

Todas estas recomendaciones son válidas para un sitio web de carácter "artesanal" o a medida como para sitios web basados en una aplicación web "prefabricada".

2.2.2. Componentes básicos de un sistema web

Tanto para un sitio web hecho "a medida" como construido a partir de una aplicación web fabricada o CMS (*Content Management System*, o 'sistema de gestión de contenidos'), debe contener unos elementos básicos para considerar que el sitio web cumple con un mínimo de requisitos que harán de él un sistema navegable. Todos los sistemas web, por muy innovadores que sean, tienen elementos comunes que deben conseguir la atención de los usuarios potenciales a los que va dirigido.

El usuario habitual de Internet tiene hábitos adquiridos gracias a las visitas realizadas a distintos sitios web. Se puede ser innovador, pero partiendo de una base, de lo contrario se pasaría de innovador a revolucionario. Todo usuario necesita un periodo de adaptación en el que se puede influir, pero desde un punto agradable y atractivo.

La organización inicial es muy importante para poder utilizar eficazmente las herramientas y tomar decisiones oportunas. Se pueden tomar como referencia los siguientes elementos:

- El proyecto se iniciará con la concepción del diseño web explicando qué estrategias de diseño se tomarán y cómo organizar las ideas que reflejarán ese diseño.

- Es importante que estas ideas queden documentadas para su posterior consulta y/o modificación.

- Definición de todas las páginas que tendrá el sitio web. No implica que en la vida útil del sitio no aumente o disminuya el número de páginas, pero debe existir un punto de partida en función del objetivo del sitio web. Habrá un número mínimo de páginas habitual que tendrá el sitio web: presentación o principal (en inglés *home*), contacto y ubicación, mapa del sitio. Las páginas deben estar organizadas de forma jerárquica.

- Los sistemas de navegación son los elementos de una interfaz que permiten la navegación por las diferentes secciones y páginas que componen el sitio web. Estos pueden ser: un menú clásico o mediante imágenes. No hay un criterio claro, sino que la forma de presentación es de libre elección y forma parte integral del diseño de la página.

- Los componentes de una página web son imágenes, textos y otros contenidos multimedia que estarán enlazados, de tal manera que el usuario puede navegar de una página a otra utilizando hipervínculos, un concepto de interactividad surgido con el fenómeno Internet.

Elementos que se encontrarán en un sitio web

Estos son:

- **Un nombre de dominio**: es la primera parte de una dirección web que identifica nuestro sitio web, pero, además, identifica el servidor que almacena y sirve su sitio.

- **Espacio web**: un dominio necesita un servidor a donde "apuntar" o acceder. Además, el sitio web necesita de un servidor donde alojar todos los archivos que componen el sitio web y, así, se conseguirá que sea visible en Internet. Este espacio puede estar en una infraestructura propia o ajena.

- **Texto**: el texto es el elemento más significativo de cualquier sitio web, porque los usuarios navegan por la web fundamentalmente en busca de información expresada en texto.

- **Hipervínculos**: es el alma de la interacción del sitio web. Se conseguirá que los documentos web estén enlazados entre sí o con otros sitios web, cuya relevancia requiera fomentar o abundar en contenido.

- **Imágenes**: se debe considerar el tamaño de las imágenes para no provocar un peso excesivo de la página que pueda cansar la espera al usuario. Pero no debe olvidarse que puede ser un elemento esencial como parte de la información visual del contenido y mostrar un diseño atractivo y personal que motive al visitante a permanecer en el sitio web.

- **Vídeo**: poco a poco los anchos de banda en Internet son cada vez mayores y más asequibles. Esto permite utilizar programas de edición de vídeo para transmitir contenidos de forma atractiva y entretenida. Además, ahora es más fácil realizar un vídeo con una cámara digital o un teléfono móvil con cámara incorporada y que termine subiendo a la web para ponerlo al alcance de todos como parte integral del sitio web.

- **Animaciones en HTML5**: siguiendo un poco la idea del vídeo, este sistema permite crear una película con imágenes y/o vídeo, texto pero liviano. Es decir, tiene diferentes usos, desde la creación de dibujos animados hasta el despliegue de dibujos interactivos. Desde 2021 los navegadores no soportan *plugin flash*, pero con HTML5 se podrán realizar animaciones similares.

- **Sonidos**: otro elemento importante de transmisión de contenidos. Los nuevos dispositivos digitales móviles permiten tanto la grabación de sonidos como vídeo. El formato más conocido y utilizado es el sistema MP3, porque permite mayor compresión de datos con una alta calidad.

- *Banner*: una imagen fija o animada utilizada generalmente para publicidad. Suele ser una imagen, un GIF animado, una animación HTML, etcétera.

- **Marcos**: llamados en inglés *frames*, son recuadros dentro de los cuales hay otra página web incrustada, pero parecen parte integrante de la página que se esté visitando. Con este sistema se puede dividir la página en diferentes partes o ventanas. Permiten crear sus propias barras de desplazamiento independiente de la página principal. Los recuadros pueden contener páginas del propio sitio web o páginas externas al dominio.

- **Formulario**: elemento web para introducir datos y/o comentarios. Son espacios rellenables por el usuario que permite interactuar con el sitio web con una finalidad.

NOTA: Los marcos, o *frames*, no son recomendables y, de hecho, muchos navegadores rechazan este tipo de construcciones. Se recomienda sustituirlo por capas.

2.2.3. División en capas

Se ha dicho que un navegador **interpreta** el lenguaje hipertexto (HTML) y muestra el resultado al usuario que desea ver el documento solicitado. Esto implica que el navegador, a medida que va leyendo el documento, se lo va mostrando al usuario.

Entonces, para que el resultado final sea atractivo, se debe trabajar con unas etiquetas llamadas tablas (<table></table>).

El problema de aplicar este sistema en el desarrollo web es que el producto final es muy cerrado y poco flexible. Si hubiera que realizar un mantenimiento posterior por actualización del sitio, el encaje de los nuevos elementos será complicado de encajar en un diseño por tablas.

Gracias al uso de las capas (<div></div>) y complementado con CSS es posible ir dinamizando el producto final. Su distribución es más ágil y su flexibilidad es ampliamente reconocida.

Consiste en encerrar metadatos dentro de las etiquetas mencionadas anteriormente. Se puede colocar en cualquier parte de la página, es dimensionable, se le puede incrustar elementos multimedia, etcétera.

2.3. El cliente web

¿A qué se denomina cliente web? Por definición, un cliente web es una aplicación. Dicha aplicación debe ser capaz de interpretar el lenguaje de los documentos que se solicitan. Están pensados para interpretar el lenguaje hipertexto a través del protocolo HTTP (*Hypertext Transfer Protocol,* o protocolo de transferencia de hipertexto) y HTTPS (HTTP *Secure,* o HTTP seguro). Actualmente no solo interpreta el lenguaje de hipertexto HTML, sino que es capaz de interpretar lenguajes de *scripts* como JavaScript y el lenguaje de hojas de estilo CSS (*cascading style sheets,* u hoja de estilos en cascada).

En la Figura 2.3 se observa uno de los navegadores web más utilizados actualmente, Firefox.

Figura. 2.3.

El cliente web es capaz de leer otros protocolos aparte de HTTP o HTTPS, como FTP. Además, es capaz de indicar a través de qué puerto realizar la petición. Se debe recordar que todos los protocolos tienen asignado, por defecto, un puerto de escucha en el lado del servidor. Tomando como ejemplo el protocolo web HTTP, el puerto asignado es el 80 (para HTTPS se utiliza el 443). Cualquier petición web, si no se le indica lo contrario, lo hará por este puerto. Para mantener la comunicación, el sistema operativo del cliente asigna un puerto local a esa comunicación para mantener un canal abierto. Así, por ejemplo, si se introduce una dirección web, por ejemplo, www.paraninfo.es el navegador añadirá a la dirección el protocolo asignado por defecto y su puerto correspondiente.

¿Un servidor web puede escuchar por otro puerto distinto del 80 y/o 443? Sí, pero si se quiere acceder a un servidor web por un puerto distinto del habitual, habrá que indicarlo. ¿Cómo? Añadiendo ":" y el puerto por el cual "escucha" el servidor. Por ejemplo, http://www.paraninfo.es:8080/ intentará conectarse con la dirección que le resuelva las consultas DNS, hará la petición para el protocolo HTTP a través del puerto 8080; si en ese ordenador hubiera un servidor web escuchando por ese puerto, este atenderá la petición mostrándose una página por defecto (en inglés *default*).

2.3.1. *Hardware* básico. Dispositivos fijos y móviles

¿Qué tipo de dispositivos son necesarios para tener un navegador web? Actualmente se puede realizar una separación entre dispositivos fijos y móviles. Por regla general, los dispositivos fijos son aquellos que, por su naturaleza, resulta difícil su portabilidad o desplazamiento. Por ejemplo, un ordenador de sobremesa o una nevera con acceso a Internet, un televisor inteligente, etc. Siguiendo con los ejemplos, dispositivos móviles serían ordenadores portátiles, tabletas y *smartphones*.

En la Figura 2.4 se aprecia el desmontaje, para reparación, de un ordenador de sobremesa.

Todos estos dispositivos tendrán un "corazón" que es el microprocesador. Los habituales en los ordenadores como tal (sobremesas o portátiles) suelen ser de las **arquitecturas x86-64** (actualmente). Y para los dispositivos portátiles como tabletas o *smartphones* son de la **arquitectura ARM**.

Figura. 2.4.

¿Qué diferencias hay entre ambas arquitecturas? La arquitectura x86-64 es de 64 bits con un conjunto de instrucciones x86. Soporta una cantidad de memoria virtual y memoria física, permitiendo a los programas almacenar grandes cantidades de datos en la memoria. Sin embargo, la arquitectura ARM es una arquitectura RISC (*Reduced Instruction Set Computer*, 'ordenador con conjunto reducido de instrucciones') de 32 bits. La relativa simplicidad de los procesadores ARM los hace ideales para aplicaciones de baja potencia. Como resultado, se han convertido en dominante en el mercado de la electrónica móvil e integrada. Resumiendo, la arquitectura x86-64 tiene mayor potencia, pero necesita un sistema de ventilación constante y, sin embargo, los procesadores de la arquitectura ARM, al no necesitar tantos recursos, su calentamiento es inferior y, por lo tanto, no necesita un sistema de ventilación como los procesadores x86-64.

2.3.2. Sistemas operativos de uso común e Internet

Los sistemas operativos son el *software* base que sustenta al resto de las aplicaciones.

¿Qué es un sistema operativo? Es un programa o conjunto de programas de un sistema informático que gestiona los recursos de *hardware* y provee

servicios a los programas de aplicación (por ejemplo: un navegador web), eje-
cutándose en modo privilegiado respecto de los restantes.

En la Figura 2.5 se observa un sistema operativo GNU/Linux cuya distribución
es Debian (http://www.debian.org).

Figura. 2.5.

Se debe distinguir entre sistemas operativos de dispositivos fijos y de dispositivos móviles. La distinción viene motivada por los tipos de dispositivos: de
mayor potencia a menos. Por ejemplo, un ordenador de sobremesa no puede
tener el mismo sistema operativo que un *smartphone*. En el aspecto *hardware*
el *smartphone* requiere un sistema más liviano que un equipo, por ejemplo, de
sobremesa.

Actualmente, para dispositivos fijos, existen varios sistemas operativos bajo
el paraguas Windows de la compañía Microsoft. Por poner algunos ejemplos:
Windows 2019 Server, Windows 11 para dispositivos fijos y tabletas; Windows Phones para *smartphone*.

Para dispositivos fijos, se dispone de sistemas operativos Linux en distintas distribuciones, tanto libres como de pago. Estos sistemas operativos son
capaces de trabajar como sistemas operativos de escritorio como de servidores. Sin embargo, para dispositivos móviles no hay una distribución clara.
Solo Ubuntu se ha atrevido a crear versiones para *tablets* y *smartphones*. Sin
embargo, su uso es muy residual.

Una compañía que entró con fuerza en los *smartphones* y *tablets* es, sin
duda, Google con su sistema operativo Android (basado en el núcleo Linux) en

distintas versiones. Sin embargo, en el ámbito de los dispositivos fijos aún no se ha decantado por una versión definitiva.

Otra empresa con amplio historial en este ámbito es Apple. OS X para los dispositivos de sobremesa e iOS, https://www.apple.com/es/iphone/, en sus diferentes versiones para iPhone y para la *tablet* iPad.

2.3.3. Navegadores. Características y comparativa

Los navegadores son aplicaciones cuya función es, mediante una interfaz gráfica, poner en comunicación un usuario con el mundo web. El navegador se comunica con el servidor y, habitualmente, a través del protocolo HTTP o HTTPS (protocolo HTTP seguro) le solicita un archivo que está escrito en hipertexto (HTML) y a medida que lo va descargando interpreta el código y muestra en la interfaz del navegador el resultado obtenido.

Además de interpretar código HTML, es capaz de interpretar tanto las hojas de estilo CSS como el lenguaje de *scripts* JavaScript.

Es capaz de realizar conexiones FTP a servidores.

En la Figura 2.6 se muestra cómo es posible acceder a un servidor FTP utilizando como cliente FTP el propio navegador web.

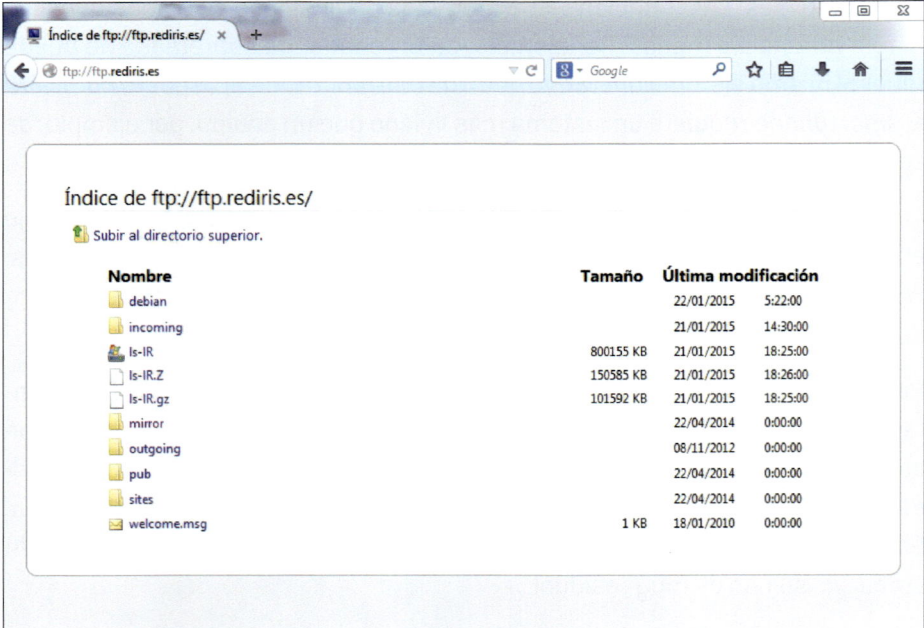

Figura. 2.6.

Los navegadores más populares también disponen de funcionalidades del tipo: *plugins* para visionar elementos audiovisuales como vídeos, radio por *streaming*, etc.; lectores RSS (noticias sindicadas), herramientas para desarrolladores.

Características y comparativas entre los navegadores más populares. Independientemente de las versiones, es una constante que cada navegador se ha especializado en algún elemento de la navegación que les ha hecho más conocido.

Características/ Navegador	Google Chrome	Firefox	Safari	Microsoft Edge
Desarrollador	Google	Mozilla Foundation	Apple Inc.	Microsoft
Velocidad	Alta	Media	Baja	Alta
Compatibilidad	Alta	Alta	Baja	Alta
Personalización	Alta	Media	Baja	Media
Seguridad	Alta	Alta	Media	Alta
Estabilidad	Alta	Alta	Media	Alta
Extensiones	Alta	Alta	Baja	Alta
Sistemas operativos compatibles	Windows, MacOS, Linux, Android, iOS	Windows, MacOS, Linux, Android, iOS	MacOS, iOS	Windows, MacOS, Android, iOS

2.3.4. Funcionalidades avanzadas: extensiones, aplicaciones específicas, etcétera

Algunos navegadores tienen, aparte de los *plugins*, "complementos" o "extensiones". Son pequeños programas que se integran en el propio navegador como herramientas añadidas a este, pero pueden funcionar de forma autónoma mientras esté activo el navegador.

Figura. 2.7.

En la Figura 2.7 se aprecia la tienda de Chrome. Su funcionamiento es similar al Play Store de los móviles Android.

2.4. Servidores web

En un entorno web y en una arquitectura cliente/servidor aparece la parte "servidor". Por definición, un servidor web es una aplicación informática del lado del servidor que realiza conexiones bidireccionales y/o unidireccionales y síncronas o asíncronas con el cliente generando una respuesta en cualquier lenguaje o aplicación del lado del cliente.

Es decir, el servidor atiende peticiones y no tiene por qué ser un navegador web.

Solo debe reunir el requisito de utilizar el protocolo HTTP y el servidor responderá.

Dicho esto, el código recibido por el programa cliente suele ser interpretado y ejecutado por un navegador web. Para la transmisión se utiliza el protocolo HTTP. Pertenece a la capa de aplicación del modelo OSI.

Al protocolo HTTP se le asigna habitualmente el puerto TCP 80.

Un servidor web puede, también utilizar el protocolo HTTPS y, para ello, se suele utilizar el puerto 443. Este protocolo es usado para la transferencia segura de páginas web.

2.4.1. Servidores web de uso común

¿Qué servidores son los más utilizados? No significa que sean los mejores, solo que sus prestaciones, coste económico, versatilidad y facilidad en su configuración los hacen más significativos.

- **Apache** (https://httpd.apache.org): es el servidor más utilizado. Su éxito se debe, principalmente, a que es multiplataforma y a su estructura modular, esto permite emplear diversos lenguajes en el lado del servidor (PHP, Python y Perl, programas CGI y otros), así como incorporar características como la compresión de datos, las conexiones seguras y la utilización de URL amigables. Aparte del mencionado tiene, además, un proyecto llamado **Tomcat**, que implementa las especificaciones de los *servlets* y de JavaServer Pages (JSP) de Oracle Corporation (creado por Sun Microsystems y absorbida por Oracle).

- **Microsoft IIS** (https://www.iis.net): era más conocido por ser un servidor web con muchas vulnerabilidades más que por sus características. IIS ha perdido mercado en los últimos años. Es el segundo servidor web más usado y cuenta con un buen número de módulos, pero también con el gran inconveniente de funcionar únicamente en sistemas operativos Windows.

- **Google Web Server (GWS)**: es el nombre del servidor web que utiliza Google en sus infraestructuras y servidores. La información sobre este tipo de servidor es poco conocida. Google solo se limitó a decir que es un servidor personalizado de desarrollo propio que se ejecuta en sistemas UNIX como GNU/Linux.

- **Nginx** (https://nginx.org): es un servidor web ligero que funciona en múltiples plataformas como: Windows, Linux y Mac OS X.

- **Lighttpd** (https://www.lighttpd.net): es otro gran servidor ligero, que permite usar menos cantidad de memoria y CPU. Se ha hecho popular por ser un servidor web ligero pero a la vez potente y versátil. Consume menos tiempo de procesador (CPU) y menos memoria interna (RAM). Es más habitual utilizarlo en sistemas Linux pero tiene versión para Windows.

2.4.2. Características básicas de un servidor web

Un servidor web, como aplicación del sistema, requiere una interactuación con la propia máquina a través del sistema operativo. Es decir, necesita que la propia máquina que actúa como servidor tenga unas características mínimas, como tipo de procesador, memoria interna, memoria de intercambio y espacio en disco duro.

En la Figura 2.8 se aprecia un *rack* con servidores. Los servidores que se utilizan se pueden atornillar al armario. Son más pequeños, por lo que sus sistemas de disipación del calor son más complejos para evacuar el calor que soportan.

Cuantos más hilos mantenga el servidor web, más peticiones de páginas podrá atender.

Sin embargo, cuantos más hilos tenga en ejecución, más recursos del sistema operativo necesitará, y si no se calibra y provisiona bien, puede llegar a bloquear el propio ordenador.

Figura. 2.8.

Habitualmente, el servidor web suele convivir con otros servicios que actúan como servidores. Como, por ejemplo, un motor de base de datos, interpretadores de *scripts* o programas del lado del servidor. Generalmente, a la existencia de este tipo de servidores en Linux se le denomina LAMP (Linux, Apache, MySQL/MariaDB y Perl/PHP/Python/etc.).

A la pregunta, ¿qué tipo de ordenador es necesario? La primera respuesta viene con la pregunta, ¿cuánto tiempo va a estar encendido? Si es una serie de horas podría valer cualquier equipo doméstico de sobremesa. Ahora bien, si va a estar veinticuatro horas todos los días del año, entonces cambia.

Si la respuesta es la última, veinticuatro horas diarias, se debe pensar en un equipo "potente". Es decir, procesadores Intel XEON o AMD Opteron que permiten tener en la placa madre más de un procesador sincronizado. Obviamente, el sistema operativo que se instale debe ser capaz de gestionarlo, como Windows Server 2019 o Red Hat Linux. Debe tener una caché (memoria interna más rápida) que esté relacionada con la memoria interna o RAM. El ordenador debe tener una memoria interna o RAM holgada, 32 Gb es, a día de hoy, adecuada. Aparte de esto, la caja del servidor debe estar bien ventilada, que permita disipar el calor que se produce (por el diseño de la caja y con los ventiladores que fueran necesarios) y en una zona, a ser posible, refrigerada que no suba de 25 °C, aproximadamente, y que no baje de 18 °C (es una estimación). También es importante que exista fuente de alimentación redundante (si falla una fuente, queda sustituida por la otra sin apagarse el ordenador). Y, externamente, tener un SAI que evite picos de luz y apagones bruscos del equipo.

2.4.3. Configuración de servidores web

Primero debe determinarse cuál va a ser su raíz dentro del sistema de archivos del sistema operativo. Uno de los principales problemas de seguridad es que los directorios del sistema que estén dentro del ámbito del servidor web estarán con un nivel de exposición a ataques muy alto. En el directorio raíz del servidor web se pueden colocar solo los archivos que requeriría un navegador web (documentos HTML, JavaScript, CSS, imágenes, etcétera).

Una buena distribución es que en el directorio raíz estén los documentos HTML y PHP (si los hubiera). Y los archivos complementarios, por ejemplo, en:

- En **imagenes**/ (images/ en inglés) todas las imágenes del sitio web.
- En **css**/ todas las hojas de estilo.
- En **js**/ todos los archivos JavaScript.
- En **multimedia**/ todos los archivos multimedia que necesitemos para el sitio.

Si se utilizan programas en C++, Perl, etc., deberá existir un directorio, CGI-BIN, que debería estar fuera de este árbol. Pero ¿cómo se enlaza? Mediante un *scriptalias*. Es decir, se le indica al servidor, mediante una directiva, que cuando haya una petición CGI-BIN busque los archivos solicitados en un directorio fuera de la zona de la web.

2.4.4. Seguridad en servidores web

Hoy en día, los servidores web son objetivos de ataque por parte de *hackers*. Los sitios web pueden ser un punto de entrada a las empresas e instituciones para robar información o realizar actos maliciosos, por lo que estos servidores deben estar preparados y adoptar medidas ante eventuales ataques.

Estos ataques suelen venir como consecuencia de una mala configuración del servidor o del diseño del *software* que lo sustenta. También pueden llegar por el desarrollo erróneo de programas y aplicaciones que contenga el sitio web; por ejemplo: inyección SQL, *cross-site scripting* (XSS), entre otros. Ha de recordarse que los programas que se ejecutan en el lado servidor pueden acceder a bases de datos, directorios e, incluso, ejecutar *scripts* específicos del sistema.

Asimismo, no hay que olvidarse que puede ser por un mal servicio SLA (*Service Level Agreement*) o acuerdo de nivel de servicio. Si el servicio de mantenimiento está mal diseñado, puede provocar que el tiempo de respuesta ante un ataque sea tardío e ineficaz.

Las grandes empresas tienen sistemas más complejos y, por lo tanto, más difícil de administrar. Por contra, las empresas pequeñas tienen servidores más sencillos y su configuración acorde a los sistemas y a los recursos de que disponen (recursos escasos y, por consiguiente, candidatos a ser vulnerables).

Sin embargo, las empresas o instituciones tienen en el mercado diversas herramientas y dispositivos dedicados a proteger los servidores.

La misión de este tipo de dispositivos puede ser realizar las siguientes funciones:

*   Protección de *firewall* e IPS sobre aplicaciones web.
*   *Firewall* de aplicaciones XML, implementando las capacidades IPS, sobre el código XML.
*   Balanceo de carga entre los servidores web, con el fin de conseguir una descongestión de los mismos.
*   Bloqueo de amenazas sobre las aplicaciones que corren en el servidor web, como *cross-site*, inyección SQL o ataques de *buffer overflow*.
*   Soporte para comunicaciones SSL y procesamiento de cifrado XML.
*   Cumplimiento de normativas de seguridad.
*   Reducción de la complejidad en la administración.

2.4.5. Funcionalidades avanzadas: extensiones, servidores virtuales, etcétera

Los servidores web, actualmente, tienen una configuración por defecto muy restrictiva. A medida que se van conociendo las propiedades de las distintas directivas, la configuración de un servidor irá aumentado sus prestaciones.

Por ejemplo: cuando se activa el IIS, solo permite presentar páginas estáticas HTML (con hojas de estilo y JavaScript) e imágenes. Para que funcione la posibilidad de ofrecer páginas dinámicas, deben activarse las extensiones ASP o ASP.NET.

Otra funcionalidad de los servidores web es la posibilidad de albergar varias páginas web. Se realiza la virtualización de servidores web. Otra funcionalidad de los servidores web es la posibilidad de albergar varias páginas web. Se realiza mediante la "virtualización" de servidores web que quedará reflejada en la configuración del propio servidor. Como ejemplo se utiliza un archivo de configuración del servidor web Apache, apache2.conf, con un sistema operativo Debian 10. Se debe indicar, teniendo en cuenta la dirección web que se quiere aplicar, que se señale el directorio o carpeta del sistema de archivos de la máquina anfitriona donde estarán todos los archivos relacionados con ese servicio web (directiva "DocumentRoot" añadiendo los permisos en la directiva "Directory").

Ejemplo en un servidor Apache:

```
<VirtualHost *>
  Options Includes SymLinksIfOwnerMatch ExecCgi
  ServerAdmin administrador@nombredominio.com
ServerName www.nombredominio.com
  ErrorLog /clientes/noweb/error.log
  CustomLog /clientes/noweb/acceso.log combined
  DocumentRoot /clientes/noweb/public_html/
  <Directory "/clientes/noweb/public_html/">
      Options FollowSymLinks
      AllowOverride None
      Order allow,deny
      Allow from all
  </Directory>
ScriptAlias /cgi-bin/ /clientes/cgi-bin/
<Directory "/clientes/cgi-bin/">
AllowOverride None
Options +ExecCGI -Includes
Order allow,deny
Allow from all
</Directory>
</virtualhost>
```

2.5. Servidores de aplicaciones

Un servidor de aplicaciones es un servidor en una red de ordenadores que ejecuta ciertas aplicaciones.

Habitualmente, es un *software* que proporciona servicios de aplicación a los ordenadores clientes. Este tipo de servicios gestiona la mayor parte de las funciones de lógica de negocio y de acceso a los datos de la aplicación.

Las principales ventajas de esta tecnología son la centralización y la disminución de la complejidad en el desarrollo de aplicaciones.

Algunos ejemplos son Internet Information Server (IIS), Base 4 Server, Zope y otros.

2.5.1. Concepto de servidor de aplicaciones

Un servidor de aplicaciones está relacionado con el concepto de sistemas distribuidos. Es aquel que permite mejorar varios aspectos fundamentales en una aplicación: alta disponibilidad, escalabilidad y mantenimiento. Esta forma de trabajar es contrapuesta al sistema monolítico, en este tipo de sistemas un cambio en las necesidades del sistema, por ejemplo, un aumento del número de aplicaciones, puede provocar un colapso del sistema.

2.5.2. Características de los servidores de aplicaciones

¿Qué se necesita para ejecutar una aplicación que se ejecuta en un servidor?

- Cliente web: normalmente será un navegador que interactuará con el contenedor web haciendo uso del protocolo HTTP. Este recibe páginas HTML y/o XML, y puede ejecutar *applets* y código JavaScript.

- Aplicación cliente: son aplicaciones que actúan como clientes (similar a un navegador) que no se ejecutan dentro de un navegador y pueden utilizar cualquier tecnología para comunicarse con el contenedor web o directamente con la base de datos.

- Contenedor web: denominamos al servidor web. Es la parte visible del servidor de aplicaciones. Utiliza los protocolos HTTP y SSL (a través del protocolo HTTPS) para comunicarse.

- Servidor de aplicaciones: proporciona servicios que soportan la ejecución y disponibilidad de las aplicaciones desplegadas. Es el corazón de un gran sistema distribuido.

2.5.3. Comparativa de servidores de aplicaciones de uso común

Partiendo de que los servidores de aplicaciones están basados, la mayoría, en una arquitectura Java de Oracle (absorbió a Sun Microsystems) podemos comparar diversas aplicaciones que se ejecutan en esta plataforma o una compatible.

PLATAFORMAS JAVA J2EE (Java2 Enterprise Edition) o compatible			
Aplicación	Propietario	Licencia	Soporte
GlassFish Server	Oracle	Comercial	Sí
GlassFish Server OpenSource	Oracle	GPL+CDDL	No
WebSphere Application Server	IBM	Comercial	Sí
WebSphere Application Server Community	IBM	IBM International License Agreement for Non-Warranted Programs	Sí
JEUS	TMAX	Comercial	Si
Interstage Application Server Powered by Windows Azure	Fujitsu	Comercial	Sí
Interstage Application Server	Fujitsu	Comercial	Sí
Geronimo	Apache	Apache 2.0	No
Weblogic Server	Oracle	Comercial Libre para desarrolladores	Sí
Ucominexus Application Server	Hitachi	Comercial	Sí
JBoss Enterprise Application	Red Hat	LGPL/Comercial	Sí
Resin	Caucho	GPL Resin Open Source/Comercial Resin Professional	Sí
TomEE	Apache	Apache 2.0	No
JOnAS	OW2	LGPL	No
NetWeaver Cloud	SAP	Comercial	Sí

2.5.4. Configuración de un servidor de aplicaciones

Dependiendo del sistema operativo en el que se trabaje, se deberán seguir unos pasos iniciales. Por ejemplo, si el sistema operativo es Windows Server, se deberá agregar la función de rol de servidor de aplicaciones.

Hay diversos aspectos que deben tenerse en cuenta. Habitualmente la propia aplicación, a la hora de instalarla, tiene un programa de instalación donde se podrán seleccionar las distintas opciones que ofrece como, por ejemplo, la ruta de directorios o carpetas donde ubicar la aplicación, requisitos de seguridad, usuario administrador, etcétera.

Una vez instalada la aplicación, habrá dos maneras de configurarla: a través de la propia aplicación por parte del usuario administrador u otro con los privilegios adecuados o "tocando" diversos archivos de configuración; será el administrador del sistema quien realice los cambios de dicha configuración. No confundir al usuario administrador de la aplicación con el usuario administrador del sistema; no tienen por qué ser el mismo y, además, es importante que no lo sean para evitar propagación de fallos de seguridad.

En la Figura 2.9 se muestra una presentación de una aplicación web, concretamente una aplicación calificada como CRM (*customer relationship management* o, en español, *software* para la administración de la relación con los clientes).

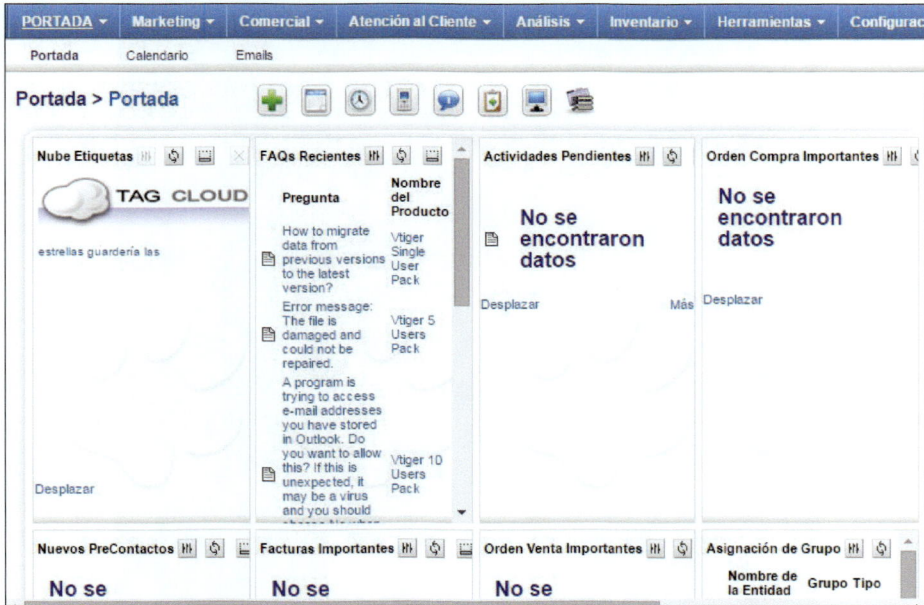

Figura. 2.9.

2.5.5. Seguridad en servidores de aplicaciones

La seguridad en los servidores de aplicaciones tiene dos componentes: seguridad en el propio servidor como sistema operativo y en la propia aplicación.

Por el lado del sistema operativo, la seguridad consistirá en utilizar herramientas como cortafuegos, antivirus, etc. Sin embargo, la seguridad en la aplicación viene dada por dos componentes: definir bien los roles de los usuarios y actualizar la aplicación, así como llevar a cabo su mantenimiento mediante la definición de un procedimiento para realizar tareas rutinarias. Estas tareas rutinarias consisten en una estrategia de copias de seguridad y el chequeo de la consistencia de los datos que maneja.

En la Figura 2.10 se observan las reglas que se aplican a máquinas que, por algún motivo, no interesa que accedan o que deben tener restringido el acceso al servidor. En el caso de GNU/Linux, se dispone de una herramienta a nivel de *kernel* muy útil, **Netfilter**. Con las utilidades **iptables y nftables**. Con este cortafuegos a nivel de sistema operativo es posible restringir los accesos indeseados. Como, por ejemplo, el intento de acceso por fuerza bruta contra alguno de los servicios activos.

```
Chain FORWARD (policy ACCEPT)
target     prot opt source               destination

Chain OUTPUT (policy ACCEPT)
target     prot opt source               destination

Chain fail2ban-SSH (1 references)
target     prot opt source               destination
DROP       all  --  208.50.174.61.dial.wz.zj.dynamic.163data.com.cn  anywhere
DROP       all  --  103.41.124.59          anywhere
DROP       all  --  60.173.14.149          anywhere
DROP       all  --  231.51.174.61.dial.wz.zj.dynamic.163data.com.cn  anywhere
DROP       all  --  232.51.174.61.dial.wz.zj.dynamic.163data.com.cn  anywhere
DROP       all  --  103.41.124.106         anywhere
DROP       all  --  184.173.137.122-static.reverse.softlayer.com  anywhere
DROP       all  --  210.51.174.61.dial.wz.zj.dynamic.163data.com.cn  anywhere
DROP       all  --  198.51.174.61.dial.wz.zj.dynamic.163data.com.cn  anywhere
DROP       all  --  60.173.26.16           anywhere
DROP       all  --  122.225.97.90          anywhere
DROP       all  --  216.51.174.61.dial.wz.zj.dynamic.163data.com.cn  anywhere
DROP       all  --  122.225.109.203        anywhere
RETURN     all  --  anywhere               anywhere

Chain fail2ban-named-refused-tcp (1 references)
target     prot opt source               destination
RETURN     all  --  anywhere               anywhere

Chain fail2ban-named-refused-udp (1 references)
target     prot opt source               destination
DROP       all  --  dnsint02.dinaserver.com  anywhere
DROP       all  --  dnsint01.dinaserver.com  anywhere
DROP       all  --  d723.dinaserver.com  anywhere
RETURN     all  --  anywhere               anywhere

Chain fail2ban-postfix (1 references)
target     prot opt source               destination
RETURN     all  --  anywhere               anywhere

Chain fail2ban-sasl (1 references)
target     prot opt source               destination
RETURN     all  --  anywhere               anywhere

Chain fail2ban-vsftpd (1 references)
target     prot opt source               destination
RETURN     all  --  anywhere               anywhere
```

Figura. 2.10.

2.5.6. Funcionalidades avanzadas: conceptos de escalabilidad, balanceo de carga, alta disponibilidad, etcétera

Las principales características que deben tener este tipo de servidores son:

- Alta disponibilidad: el sistema debe estar funcionando las veinticuatro horas del día los trescientos sesenta y cinco días del año. Es conveniente el uso de técnicas de balanceo de carga y de recuperación de fallos.

- Escalabilidad: es la capacidad de crecer un sistema en cuanto se incrementa la carga de trabajo (número de peticiones).

- Mantenimiento: tiene relación con la versatilidad a la hora de actualizar, depurar fallos y mantener un sistema. La solución al mantenimiento es la construcción de la lógica de negocio en unidades reutilizables y modulares.

2.6. Servidores de bases de datos

¿Qué es un servidor de bases de datos?

Un servidor de bases de datos es un *software* que gestiona la información mediante el uso de tablas, índices y registros. Sin embargo, va más allá utilizando un motor de base de datos donde albergar diversas bases de datos para almacenar, recuperar y administrar datos de distinta índole. El servidor gestiona los movimientos sobre los datos, tales como creación, actualización y borrado de datos, así como permitir el acceso simultáneo de otros dispositivos, como otros servidores de bases de datos, servidores web o usuarios, y garantizar la seguridad y la integridad de los datos.

Figura. 2.10.

Aparte de sus funciones básicas, el *software* de servidores de bases de datos tiene, además, herramientas para administrar estos servidores. Algunas funciones, por ejemplo, son la exportación de datos, la configuración del acceso de los usuarios y el respaldo de datos.

2.6.1. Servidores de bases de datos para Internet de uso común

Los servidores de bases de datos más comunes en entornos de Internet son:

Motores de bases de datos		
	Creador	Licencia de *software*
DB2	IBM	Propietario
Microsoft SQL Server	Microsoft	Propietario
MySQL	MySQL AB	GPL o propietario
Oracle	Oracle Corporation	Propietario
PostgreSQL	PostgreSQL Global Development Group	Licencia BSD
SQLite	D. Richard Hipp	Dominio público
MariaDB	Michael Wideni¡us	Licencia GPL

2.6.2. Características básicas de un servidor de bases de datos

Los servidores de bases de datos surgen por un motivo: la necesidad de las empresas e instituciones de manejar grandes y complejas cantidades de datos. Simultáneamente, requieren compartir esa información con un conjunto de usuarios de una manera segura y eficaz.

El sistema gestor de bases de datos (SGBD) deberá tener soluciones de alto rendimiento y fiabilidad.

El SGBD debe, asimismo, proporcionar servicios de forma global a usuarios y aplicaciones que así lo requieran.

Los modelos de datos más habituales son:

- Relacional (SGBDR): presenta la base de datos como una colección de tablas. Suelen utilizar el lenguaje SQL como lenguaje de consultas de alto nivel.

- Orientado a objetos: presenta la base de datos en término de objetos, sus propiedades y sus operaciones. Todos los objetos que tienen la misma estructura y comportamiento pertenecen a una clase y estas se organizan en jerarquías.

- Objeto-relacional o relacional extendido: se le proporcionan características de la programación orientada a objetos.

- Modelos de bases de datos NoSQL o no relacionales: su característica más importante es que utiliza un sistema de almacenamiento de la información que, para realizar consultas, no utiliza el lenguaje SQL. Puede utilizar SQL como lenguaje de apoyo en consultas. Por lo cual también se le denomina "no solo SQL".

Si se atiende la clasificación en función del número de dispositivos en los que está distribuida la base de datos:

- Centralizado: la base de datos y el *software* SGBD están en el mismo servidor.

- Distribuido (SGBDD): la base de datos y el motor pueden estar en diversos dispositivos.

2.6.3. Funcionalidades avanzadas: conceptos de escalabilidad, alta disponibilidad, etcétera

¿Qué es escalabilidad? Es una propiedad deseable de un sistema, una red o un proceso, que indica su habilidad para reaccionar y adaptarse sin perder calidad ante situaciones como el crecimiento continuo de trabajo de manera fluida y estar preparado para hacerse más grande sin perder calidad en los servicios ofrecidos.

¿Un SGBD debe ser escalable? La respuesta es sí. Debe estar preparado para enfrentarse a las situaciones mencionadas en el párrafo anterior.

Y alta disponibilidad, ¿debe tenerla? También, obviamente los datos deben estar siempre disponibles y actualizados para su consulta por parte de los usuarios. Una base de datos debe estar activa veinticuatro horas, trescientos sesenta y cinco días al año.

2.7. Servidores complementarios en una arquitectura web

En un entorno web no se pueden olvidar otros servidores que, si bien no tienen una relación directa, sí es complementaria.

Estos servidores son los servidores de correo (SMTP, POP3, IMAP), DNS, *proxies*, servidores de directorio activo (LDAP), mensajería instantánea, antivirus y/o cortafuegos, etcétera.

2.7.1. Servidores de correo. Características

Los servidores de correo electrónico permiten la transferencia de mensajes y/o documentos desde un origen a un destino pasando por los distintos servidores que se ponen en contacto.

Es decir, un usuario desde su ordenador escribe un mensaje y en su destinatario pone el nombre y su dirección de dominio. De la forma nombre_cuenta@dominio.com (por ejemplo). Entonces, a través del protocolo SMTP se envía a su servidor de referencia. El servidor busca el servidor de destino, tomando como referencia su dominio. Se pone en contacto con dicho servidor destino y, mediante un protocolo SMTP, procede a la entrega del mensaje si no se produce error alguno.

El usuario destino, cuando arranque su programa de correo, por ejemplo: Thunderbird, leerá su buzón de entrada de su servidor, aquel donde se entregó el mensaje, mencionado anteriormente. Este proceso se realiza a través del protocolo POP3 o IMAP.

Hoy en día, es muy habitual que estas transacciones se realicen de forma segura mediante una tupla segura. Bien utilizando SSL o TLS (capas de conexión segura).

2.7.2. Servidores de direccionamiento (DNS). Características

Un tipo de servidores sencillos de configurar y a los que no se le presta mucha atención son, sin duda, los servidores DNS (*Domain Name System*). Se trata de un sistema de nomenclatura jerárquica para ordenadores, servicios o cualquier recurso conectado a Internet o a una red privada.

La única forma de identificar un dispositivo a través de la red es mediante una identificación numérica. ¿Qué hace un servidor DNS? Traducir un nombre a una dirección numérica, en nuestro caso IP.

Es decir, en una red TCP/IP los equipos se identifica por una dirección IP. Por ejemplo, IPv4:192.168.1.125. Sin embargo, memorizar todas las direcciones IP de los equipos es muy complicado. Entonces se utilizan nombres que, para los humanos, resultan más mnemotécnicos. Entonces, utilizando ese nombre el navegador, por ejemplo, se pone en contacto con el servidor DNS para que le traduzca ese nombre por su correspondiente dirección IP.

¿Cómo se forma la jerarquía que se ha mencionado anteriormente? Se realiza mediante una jerarquía de dominios. Un nombre de dominio usualmente consiste en dos o más partes, separadas por puntos cuando se las escribe en forma de texto. Por ejemplo: www.paraninfo.es.

- A la etiqueta ubicada más a la derecha (es) se le llama dominio de nivel superior.

- Cada etiqueta a la izquierda especifica una subdivisión o subdominio. Hay que indicar que subdominio resulta de una dependencia relativa a la raíz. Teóricamente, la subdivisión puede contener 127 niveles, y cada etiqueta, hasta 63 caracteres. Eso sí, la longitud total de todas las etiquetas incluyendo los puntos no excederá de 255 caracteres.

- Finalmente, en la parte más a la izquierda del dominio suele expresar el nombre de la máquina. Realmente puede ser el nombre de una máquina o alias de máquina. Por ejemplo, www.paraninfo.es no significa que www sea el nombre de la máquina, puede ser otro nombre pero www hace referencia, como alias, a esa misma máquina o IP.

2.7.3. *Proxies*

Un *proxy* es un programa o dispositivo que realiza tareas de acceso a través de una red en lugar de otro dispositivo. En definitiva, un dispositivo que hace de intermediario. Los hay que actúan de intermediario para acceder a Internet y los hay que, según petición, accedan desde Internet.

Ventajas del acceso a Internet a través de un *proxy*:

- Si un usuario ha accedido a una web, esta está en la caché del dispositivo, de tal manera que, si otro usuario accede a la misma web, su respuesta es más rápida. Se consigue ahorro y rapidez al poder ser filtrado. Además, se podrán controlar los accesos.

- Permite navegación anónima. Al estar el *proxy* como intermediario, los servidores web u otros servicios a los que se acceda a través del *proxy*, queda registrado el *proxy* y no nuestro dispositivo.

Inconvenientes de acceder a Internet a través de un *proxy*:

- Carga: un *proxy* hará el trabajo para muchos usuarios y puede colapsarse.

- Intromisión: es un paso intermedio más entre el origen y el destino.

- Incoherencia: puede haber errores en la caché.

- Irregularidad: fallos en la entrega del destinatario.

También hay otros tipos de *proxies*. Son aquellos que hacen de intermediarios desde Internet a otros servidores. Por ejemplo, un sitio web que solo tiene una IP pública (IP de acceso de Internet) puede tener los servicios del sitio distribuidos en varios servidores dentro de una misma red local y tomará decisiones en función de criterios de la organización como acceso a enlaces internos. Esas decisiones, según la configuración, determinarán las carpetas del sitio web que desviará el control a un servidor o a otro. Es transparente al usuario del sitio, pero puede interactuar con varios servidores a la vez. A este tipo de *proxies* se les suele denominar **proxies** inversos. Como ejemplo, el servidor web atiende un dominio llamado https://tienda.es/. Tiene dos carpetas: https://tienda.es/clientes y https://tienda.es/venta.

https://tienda.es/venta lo atiende el servidor expuesto a internet y, decide el administrador de sistemas, https://tienda.es/clientes lo delega a un servidor interno con el fin de preservar los datos de los clientes contra los ataques de ciberdelincuentes.

2.7.4. Servidores de directorio. Características de LDAP

LDAP (*Lightweight Directory Access Protocol,* o 'protocolo ligero de acceso a directorios'): es un protocolo de nivel de aplicación. Su función es permitir el acceso a un servicio de directorio que actúa como base de datos, ordenado y distribuido, que tiene diversa información en un entorno de red.

Este sistema tiende a usar nombres tipo DNS para estructurar los niveles más altos de la jerarquía. A medida que se desciende empezarán a aparecer entradas que representan objetos, como unidades de organización (OU), grupos, personas, impresoras, otros dispositivos, etcétera.

El uso de LDAP permite integrar objetos del sistema en objetos accesibles a través de la red y por extensión de Internet.

Para acceder a la información de LDAP, tenemos varios métodos. Uno de los más conocidos es el método URL (como una dirección web) y su formato habitual es: ldap://ldap.ejemplo.com/cn=Elsa,dc=ejemplo,dc=com

Ejemplo con ldapsearch (herramienta de OpenLDAP):

```
# elsa, usuarios, ejemplo.com
dn: uid=elsa,ou=usuarios,dc=ejemplo,dc=com
objectClass: top
objectClass: person
objectClass: organizationalPerson
objectClass: inetOrgPerson
objectClass: posixAccount
objectClass: shadowAccount
objectClass: sambaSamAccount
cn: elsa
sn: elsa
givenName: elsa
uid: elsa
```

```
uidNumber: 1290
gidNumber: 1011
homeDirectory: /home/elsa
loginShell: /bin/bash
gecos: System User
sambaLogonTime: 0
sambaLogoffTime: 2147483647
sambaKickoffTime: 2147483647
sambaPwdCanChange: 0
sambaPwdMustChange: 2147483647
displayName: elsa
sambaAcctFlags: [UX]
sambaSID: S-1-5-21-1708630543-1351049673-3664758140-3580
sambaPrimaryGroupSID: S-1-5-21-1708630543-1351049673-3664758140-3023
sambaHomeDrive: H:
sambaLMPassword: 4B1C7FAFDC38AFC237B24AE41CB61727
sambaNTPassword: 00851A1EB8F08C7A56F00B053224BAB3
sambaPwdLastSet: 1417683612
userPassword:: e01ENX1nR2QySGt6K0IySkZZRXR4cFVtR0d3PT0=
shadowLastChange: 16408
sambaLogonScript: profesores.bat
```

2.7.5. Servidores de mensajería

Los servidores de mensajería instantánea son un complemento de los servicios de Internet. Este servicio permite el envío instantáneo de mensajes y/o archivos.

Para conseguir el funcionamiento de este servicio se necesitará de un cliente de mensajería y de un servidor que haga de nexo de unión  entre el destinatario y el remitente. La mayoría de estos servicios utilizan redes propietarias con su propio *software*. Sin embargo, también se puede utilizar *software* de libre distribución que permite descentralizar todo el procedimiento de mensajería instantánea. El protocolo que se suele utilizar para este servicio es XMPP (*Extensible Messaging and Presence Protocol*), como, por ejemplo, Jabber.

2.7.6. Servidores de antivirus, filtrado de contenidos, etcétera

Los servidores de antivirus son un concepto nuevo, pero no funcionan como los servidores web o de correo electrónico. El servidor de antivirus es un *software* que escanea todo el tráfico que se genera en diversos servicios web: servidor web, correo electrónico, FTP, etcétera.

En cuanto al filtrado de contenidos, hay *software* que chequea, por ejemplo, los mensajes del correo electrónico y comprueba si se trata de *spam* o de un correo electrónico legítimo dando una puntuación. Esto no significa que no llegue a su destinatario sino que si ocurre que tiene una puntuación alta el mensaje queda marcado como *spam*, por ejemplo en el asunto del mensaje, de tal manera que el destinatario puede crear reglas en su programa de correo electrónico y decidir qué hacer con dicho mensaje. Por ejemplo, desviarlo a una carpeta de mensajes no deseados.

Otros sistemas de filtrado en los servidores son: control de listas negras (IP de ordenadores que envían *spam*), listas grises (pone en duda la reputación de algunas IP de dispositivos), etcétera.

2.7.7. Otros servidores complementarios

Como servidores complementarios podemos citar: servicios de *streaming*, RSS (noticias sindicadas), videoconferencia.

Los servicios de *streaming* permiten el envío de vídeo bajo demanda. Por ejemplo, hay empresas de televisión que ofrecen este servicio, así como empresas de cine.

En cuanto a RSS (*Really Simple Sindication,* o 'noticias sindicadas'). Se utiliza para difundir información actualizada con frecuencia a usuarios que se han suscrito a la fuente de contenidos; sirvan como ejemplo los periódicos o empresas de noticias. Este formato permite distribuir contenidos sin necesidad de un navegador, pero también se pueden utilizar estos para su lectura.

2.8. Infraestructura *hardware* y *software* para servidores de Internet

Uno de los problemas al que se enfrentan las empresas e instituciones es qué tipo de infraestructura es la más adecuada para dar servicio de Internet.

Primero se deberá llegar a la conclusión de qué servicios se quieren dar y el alcance de estos.

Una vez definidos estos servicios, la siguiente pregunta es: ¿infraestructura propia o ajena? Si la infraestructura es propia, requiere una alta inversión en principio y un coste añadido posterior que será: coste eléctrico, de seguridad y mantenimiento. Sin embargo, si se tiene alquilado, vendría todo incluido salvo el mantenimiento no del *hardware,* sino de los servicios que ofrece la entidad.

2.8.1. Servicios en la nube *(cloud)*

Es un servicio que se está imponiendo más día a día. Consiste en tener todos los archivos en una ubicación "desconocida". Es decir, se realiza el contrato con la empresa y esta decide dónde guardar la información del cliente. Además, ofrece herramientas de trabajo en la nube.

Resumiendo, todos los servicios de una empresa estarían fuera de la empresa y se necesitaría Internet para acceder a esa información.

Además, la mayoría de las empresas que ofertan este servicio permiten acceder a dicho servicio desde cualquier dispositivo con acceso a Internet. Desde ordenadores de sobremesa hasta *smartphones*.

Se utiliza habitualmente la nube día a día. ¿Quién no ha utilizado YouTube, Google, Yahoo, Facebook, X (antes Twitter), etc.? Ejemplos conocidos que ofrecen servicios en la nube son Dropbox, Google y Microsoft.

2.8.2. Tipos de servicios: infraestructura como servicio, plataforma como servicio y aplicación como servicio

El servicio en la nube permite tener todo en uno. No harían falta herramientas, como un paquete de ofimática, o bien se trabajaría con aplicaciones específicas, como facturación, contabilidad, etc. Todo a través de un concepto como la nube.

No obstante, la empresa o institución puede crear la suficiente infraestructura para crear su propia nube. Inclusive con *software* libre como OwnCloud.

2.8.3. Ventajas e inconvenientes de los servicios de infraestructura en la nube

Las ventajas del servicio en la nube son:

- El prestador del servicio se encarga de todo: asignación de recursos, mantenimiento, mejoras y actualizaciones.

- Movilidad y disponibilidad: el usuario se beneficia de la continua disponibilidad de sus datos.

- Ahorro: las empresas no tienen que invertir en comprar y mantener servidores y *software*. Con el servicio en la nube, se alquila un determinado servicio y se paga por lo que se consume.

- No hay licencias de *software*.

- Rapidez: la nube permite acceder a las aplicaciones y servicios sin tener que descargarlos, así las empresas ganan velocidad en la implantación de los proyectos.

Los inconvenientes del servicio en la nube son:

- Se debe tener una conexión a Internet constante y amplia. Se depende totalmente de este servicio.

- Puede que la información de la empresa o institución no esté segura.

- Se puede sufrir de conexiones lentas a Internet si muchos usuarios están accediendo al servidor simultáneamente y el servicio no está bien provisionado. No sería un problema achacable a la empresa de *clouding*, teniendo en cuenta que la sede desde la que se accede a estos servicios puede tener el ancho de banda limitado.

- Es posible que las aplicaciones no cumplan con los objetivos de eficiencia que se esperan.

2.8.4. Comparativa de los servicios de infraestructura en la nube de uso común

Existen muchos servicios implementados en la nube. En el caso de valoración, solo se tratarán aquellos servicios en cuanto a infraestructura. Es decir, no solo es uso de espacio en disco ni de aplicaciones, sino aquello que esté relacionado con la infraestructura, como servicios o servidores alojados en la nube y no en instalaciones de la organización.

El lector conocerá lo que son las máquinas virtuales que se utilizan, localmente, con aplicaciones como VirtualBox o VMware. Esas infraestructuras locales también pueden realizarse en la propia nube y es el servicio que se trata en este apartado.

Hay que entender que no siempre hay que sustituir una solución privada por otra en la nube. Existe la convivencia entre infraestructura local y privada con la pública. Se trata de la nube híbrida. Un concepto que viene a aglutinar soluciones de la organización en una infraestructura privada con otra en la nube.

Empresa	Sede central	Cuota de mercado	Ingresos anuales	Servicios más relevantes
Servicios web de Amazon (AWS)	Washington, EE. UU.	32 %	≈$80 mil millones	Los servicios principales incluyen: • Amazon EC2 para servidores virtuales, S3 para almacenamiento de objetos escalable. • RDS para bases de datos gestionadas. • Soluciones IaaS, PaaS y SaaS.
Microsoft Azure	Redmond, EE. UU.	22 %	≈$34 mil millones	Soluciones IaaS, PaaS y SaaS. Además, oferta aplicaciones de computación en nube híbrida.
Plataforma en la nube de Google (GCP)	California, EE. UU.	11 %	≈$7,4 mil millones	Oferta de nube completa, que incluye IaaS, PaaS y SaaS.
Nube Oracle	Texas, EE. UU.	2 %	≈$5,8 mil millones	Aplicaciones primarias de las empresas y ofrece soluciones de rendimiento de nivel empresarial. Copias de seguridad automáticas, recuperación automática y una base de datos autodirigida, entre otras.
Nube de IBM	Nueva York, EE. UU.	3 %	≈$22 mil millones	Servicios de computación en nube *full-stack* y con altas capacidades de seguridad.
Nube Alibaba	Distrito de Yu Hang, China	4 %	≈$12 mil millones	Servicios de bases de datos y comunicaciones en la nube hasta Apsara Stack. Es reconocida por sus opciones de almacenamiento de computación elástica y de Internet de los objetos (IoT).
Salesforce Cloud	California, EE. UU.	3 %	≈$33,07 mil millones	Servicios en la nube y muy conocido por su plataforma de gestión de las relaciones con los clientes (CRM).

Empresa	Sede central	Cuota de mercado	Ingresos anuales	Servicios más relevantes
Rackspace	Texas, EE. UU.	0,96 %	≈$3,1 mil millones	Servicios gestionados en la nube. Incluyen la gestión de bases de datos e infraestructuras, junto con sólidos protocolos de seguridad.
Océano Digital	Nueva York, EE. UU.	1,55 %	≈$650 millones	Destaca por una interfaz amigable que facilita la incorporación a las pequeñas empresas con pocos conocimientos de tecnológicos.
OVHCloud	Roubaix, Francia	<1 %	≈$220 millones	Ofrece servidores metálicos, alojamiento en nube privada, alojamiento en nube pública, paquetes de alojamiento web, una gran variedad de centros de datos e infraestructura escalable.

Fuente: Statista (https://www.statista.com/chart/18819/worldwide-market-share-of- leading-cloud-infrastructure-service-providers/).

La tabla anterior solo refleja las empresas que ofrecen servicios en la nube más relevantes en todo el mundo. Existen empresas que ofrecen servicios en la nube más modestas, lo cual no implica que no den buen servicio.

En ocasiones lo único que puede interesar a una organización es cumplir con parte de la estrategia de copias de seguridad, copias de seguridad externas a la organización. Lo cual implica que solo necesita una comunicación con un almacenamiento externo en la nube suficientemente protegido contra ataques maliciosos.

ACTIVIDADES

2.1. ¿Cuál sería la definición más acertada de la WWW?

  a. Son las comunicaciones que se realizan a través del ciberespacio.

  b. Es un sistema de documentos de hipertexto accesibles a través de la red.

  c. Es un sistema de documentos XML a los que se acceden a través de Internet.

  d. Son comunicaciones entre servidores que comparten archivos.

2.2. El organismo que se encarga de velar por el seguimiento de la estandarización documental es:

  a. W3C.

  b. INTERNIC

  c. Certificaciones ISO.

  d. IANA.

2.3. El desarrollo de la web se comenzó entre:

  a. Entre 1989 y 1990.

  b. Entre 1989 y 1998.

  c. Entre 2000 y 2005.

  d. Ninguna es correcta.

2.4. HTML es:

  a. Un protocolo de intercambio de archivos.

  b. Un servicio de visionado de páginas web.

  c. *Hypertext Markup Language*.

  d. Un editor de páginas web.

2.5. Gopher es:

  a. El primer navegador web gráfico.

  b. Un servicio de Internet con el que se accede a la información a través de menús.

  c. El primer servidor web de la historia.

  d. Ninguna respuesta es correcta.

2.6. El primer navegador utilizado en Microsoft Windows fue:

a. Mosaic.

b. ViolaWWW.

c. Netscape.

d. Gopher.

2.7. HTML es:

a. Un lenguaje de programación.

b. Un documento enriquecido.

c. Un lenguaje adaptativo para internet.

d. Un lenguaje de hipertexto.

2.8. XML es:

a. Es un lenguaje de hipertexto para crear páginas web.

b. Es un lenguaje de programación

c. Es un lenguaje extensible de marcas.

d. Es un lenguaje utilizado en servidores web.

2.9. A la hora de diseñar una web debe tenerse en cuenta, en primer término:

a. A quién va dirigido.

b. El diseño gráfico.

c. El soporte informático.

d. Que la web sea bonita.

2.10. El nombre de dominio de Internet es:

a. Un servidor web.

b. Un proveedor de servicios en internet.

c. Un nombre identificador de un sitio en Internet.

d. Ninguna de las respuestas anteriores es correcta.

2.11. El navegador realiza…

a. La petición de ver una página web a un servidor, descarga el archivo principal y todos los que incluye el documento web. Después, lo monta para su visionado.

b. El navegador muestra la página web que solicita si existe.

c. El navegador muestra la página montada que le llega a través de Internet.

d. Abre el archivo HTML y enlaza con un programa editor de este tipo de archivos para ver su contenido.

2.12. Un cliente web es...

a. Una aplicación del propio sistema operativo que interpreta las páginas web.

b. Una aplicación que descarga en el ordenador la página web.

c. Una aplicación que realiza el acceso a Internet.

d. Una aplicación de un sistema operativo que realiza las operaciones necesarias para visionar una página web en función del protocolo que utiliza (por ejemplo: HTTP, HTTPS, FTP).

2.13. La aplicación del navegador es:

a. Es la misma aplicación en cualquier sistema operativo.

b. La aplicación debe ser adaptada al sistema operativo.

c. Es parte del sistema operativo.

d. Una aplicación multiplataforma.

2.14. JavaScript es:

a. Un lenguaje de programación que necesita compilarse.

b. Un lenguaje de programación que contiene *malware*.

c. Un lenguaje de programación que se ejecuta en el servidor.

d. Un lenguaje de programación que se ejecuta en el cliente.

2.15. Un servidor web:

a. Escucha las peticiones por el puerto 80 si no es seguro (HTTP) y 443 si es seguro (HTTPS).

b. Escucha las peticiones a través del puerto 80.

c. Escucha las peticiones a través del puerto 443.

d. Puede escuchar las peticiones a través de cualquier puerto porque el equipo es dedicado al servicio.

2.16. El servidor web más popular es:

a. Microsoft IIS.

b. Nginx.

c. GWS.

d. Apache.

2.17. **Un servidor puede ser utilizado como aplicación de usos múltiples si:**

  a. Dispone de lenguaje de *scripting* que se utilice se ejecute en el propio servidor.

  b. Dispone de un motor de base de datos.

  c. Dispone de lenguaje de *scripting* que se utilice se ejecute en el propio servidor y enlaza con un motor de base de datos.

  d. No puede utilizarse como aplicación específica.

2.18. **Las siglas LAMP hacen referencia a:**

  a. Un servidor web.

  b. Al conjunto de aplicaciones de servicio web.

  c. Es el acrónimo de: Linux, Apache, MySQL/MariaDB y PHP.

  d. Es lo mismo que XAMP.

2.19. **Para disponer de un servidor web seguro debe tener las características:**

  a. Habilitar el puerto 443 y disponer de certificado digital, aparte de la configuración necesaria.

  b. Disponer de certificado digital y escuchar por el puerto 80.

  c. Utilizar el protocolo HTTPS.

  d. Habilitar el servicio seguro en el servidor web.

2.20. **Un servidor web puede…**

  a. Estar en varios servidores dedicados.

  b. Contener más de un sitio web de forma virtual.

  c. Instalarse en cualquier ordenador.

  d. Ser un navegador.

ACTIVIDAD PRÁCTICA

Siguiendo con la práctica anterior, configurar el servidor Apache2 creando un dominio virtual.

Crear un usuario cuya área de trabajo coincida con el área de trabajo del dominio virtual www.midominio.local.

3. Aplicaciones web

Introducción

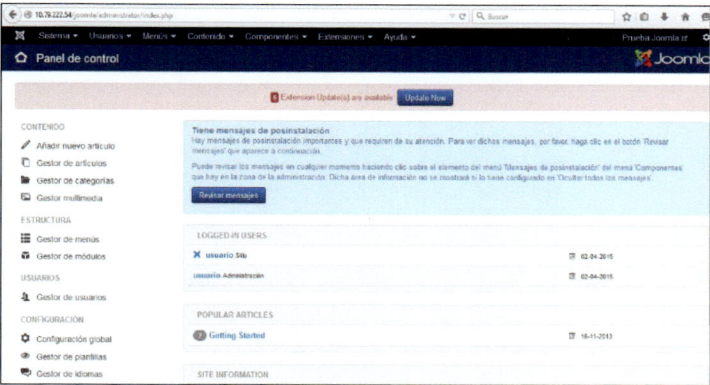

Figura. 3.1.

En la ingeniería de *software* se denomina aplicación web al *software* que los usuarios pueden utilizar accediendo a un servidor web, bien vía Internet, Extranet o Intranet, utilizando para ello un navegador web.

¿Por qué se están haciendo populares? Porque para interactuar con cualquiera de estos tipos de aplicaciones, no se requiere de la utilización de un *software* añadido; todas las prestaciones son accesibles a través de una única aplicación, el navegador web.

La Figura 3.1 representa una captura del panel de control de una aplicación web muy popular, Joomla.

Otra forma de definirlo sería como un conjunto de páginas web que interactúan unas con otras y con diversos recursos en un servidor web consigo mismo o con otros, incluidas bases de datos. La interactuación permite implementar aplicaciones como catálogos de productos virtuales o tienda virtual, administración de noticias y contenidos. Puede favorecer la agilización de tareas administrativas, etcétera.

Contenido

3.1. Evolución y tipos de aplicaciones informáticas

La evolución de las aplicaciones informáticas ha estado, en algunos momentos, convirtiéndose más bien en una revolución. Lo que actualmente está vigente, mañana queda obsoleto o, directamente, descartado.

Los primeros ordenadores de carácter productivo eran unos equipos grandes a que se podía acceder mediante terminales o consolas. Estas consolas eran denominadas también "terminales tontos". Eran equipos que por sí solos no eran capaces de realizar ninguna acción y necesitaban de un ordenador que le proporcionara todo el sistema de arranque y posterior interactuación con él.

De aquellas primeras consolas o terminales se ha derivado hacia las ahora denominadas **terminales virtuales**.

Otro tipo de aplicación son las denominadas de escritorio. Son aquellas aplicaciones que se ejecutan íntegramente en la misma máquina. El código o programas y los datos están ubicados en la misma máquina.

Las aplicaciones en una arquitectura cliente/servidor es un modelo de aplicación distribuida en el que las tareas se reparten entre los proveedores de recursos o servicios, llamados servidores, y los demandantes, llamados clientes.

Otro tipo de aplicaciones son las aplicaciones web. Están basadas en el modelo cliente/servidor, pero con una característica: utilizan como interfaz un navegador web.

3.1.1. Aplicaciones de terminal. Servidores de terminales virtuales

Las aplicaciones de terminal son aquellas que se realizan a través de un terminal o terminal virtual. A través del terminal se accede al servidor. Una vez en el servidor se interactúa con él como si se estuviera físicamente en él.

Este sistema es muy habitual a la hora de administrar un servidor. Permite acceder a un servidor reduciendo la necesidad de realizar una alta cantidad de intercambio de datos entre el cliente y el servidor. Se consigue una comunicación persistente entre el cliente y el servidor. Es necesario porque el usuario necesita los resultados en tiempo real.

Aparte de utilizar un terminal virtual como herramienta para administrar un servidor, se puede utilizar como herramienta para otras funciones.

Como ejemplo, se puede utilizar un servidor SSH y un emulador de terminal como Putty (existen alternativas como: MobaXterm, Xshell Client, ZOC, SmartTTY, etc.) como interfaz cliente para realizar un túnel seguro hacia una aplicación en el propio servidor o en un equipo de la red en el que esté situado ese servidor.

En la Figura 3.2 se muestra un ejemplo de aplicación de terminal. Se conecta con el servidor a través de una aplicación de terminal, en este caso Putty, y se lanza una aplicación de terminal, en este caso Top.

```
top - 21:05:03 up 5 days,  1:58,   2 users,   load average: 0,05, 0,03, 0,05
Tasks: 130 total,   1 running, 129 sleeping,   0 stopped,   0 zombie
%Cpu(s):   0,0 us,   0,0 sy,   0,0 ni,100,0 id,   0,0 wa,   0,0 hi,   0,0 si,   0,0 st
KiB Mem:   3798012 total,   3459076 used,    338936 free,   1679524 buffers
KiB Swap:  4710396 total,     70284 used,   4640112 free,    470116 cached

  PID USER      PR  NI  VIRT  RES  SHR S %CPU %MEM    TIME+  COMMAND
 3904 mysql     20   0  427m  39m 1540 S  0,3  1,1  5:18.67 mysqld
30095 root      20   0 23176 1636 1192 R  0,3  0,0  0:00.03 top
    1 root      20   0 10652    0    0 S  0,0  0,0  0:07.81 init
    2 root      20   0     0    0    0 S  0,0  0,0  0:00.00 kthreadd
    3 root      20   0     0    0    0 S  0,0  0,0  0:12.17 ksoftirqd/0
    5 root      20   0     0    0    0 S  0,0  0,0  0:00.00 kworker/u:0
    6 root      rt   0     0    0    0 S  0,0  0,0  0:00.76 migration/0
    7 root      rt   0     0    0    0 S  0,0  0,0  0:04.65 watchdog/0
    8 root      rt   0     0    0    0 S  0,0  0,0  0:01.07 migration/1
   10 root      20   0     0    0    0 S  0,0  0,0  0:02.61 ksoftirqd/1
   12 root      rt   0     0    0    0 S  0,0  0,0  0:03.45 watchdog/1
   13 root       0 -20     0    0    0 S  0,0  0,0  0:00.00 cpuset
   14 root       0 -20     0    0    0 S  0,0  0,0  0:00.00 khelper
   15 root      20   0     0    0    0 S  0,0  0,0  0:00.00 kdevtmpfs
   16 root       0 -20     0    0    0 S  0,0  0,0  0:00.00 netns
   17 root      20   0     0    0    0 S  0,0  0,0  0:00.03 xenwatch
   18 root      20   0     0    0    0 S  0,0  0,0  0:00.00 xenbus
```

Figura. 3.2.

3.1.2. Aplicaciones de escritorio

Se denomina aplicación de escritorio a todo programa o aplicación informática que para su normal funcionamiento necesita *software* y datos que están presentes en la misma máquina.

Este tipo de aplicaciones tiene una o varias tareas específicas. Tal es el caso de una aplicación de contabilidad, de facturación, de *stock*, paquete ofimático, etcétera.

Este tipo de aplicaciones no requiere o no necesita de una comunicación externa para funcionar con normalidad. En ocasiones, cada día es más habitual, algunas aplicaciones tienen funcionalidad añadida si tienen comunicación en red bien a Internet, o bien a un servidor local.

Por ejemplo: si se trabaja con conexión a Internet, la aplicación puede tener la funcionalidad de poder guardar un documento en un sitio en la nube.

3.1.3. Aplicaciones cliente/servidor

Las aplicaciones cliente/servidor consisten en un modelo en el cual la aplicación está distribuida mediante tareas. Parte de las tareas las hace el servidor y parte el cliente. Por ejemplo, el uso del procesador la aplicación lo tiene repartido entre el cliente y el servidor. Esto implica que el peso del proceso no se realiza íntegramente en el servidor.

En la Figura 3.3 se observa un ejemplo de una conexión RDP a través de escritorio remoto contra un servidor de Windows Server, que permitirá ejecutar una aplicación remota y dejar los archivos en el propio servidor.

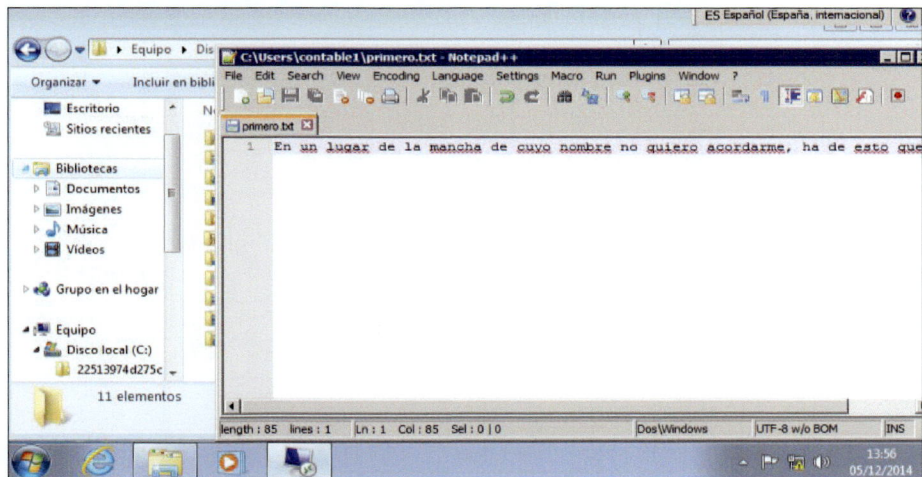

Figura. 3.3.

El modelo cliente/servidor funciona realizando el cliente una petición al servidor, y este le responde. En este tipo de aplicaciones es habitual que exista una comunicación persistente. Cuando la aplicación está inactiva cada cierto tiempo se comunican cliente y servidor para comprobar el estado de la conexión.

También es habitual que se acceda al servidor con credenciales de usuario y ejecutar la aplicación en el servidor. Para realizar esta tarea, es necesario la existencia de una interfaz que emule el escritorio remoto.

3.1.4. Aplicaciones web

Las aplicaciones web se basan en el modelo cliente/servidor. Con una diferencia importante, las conexiones no son persistentes, tal como se vio en el punto 3.1.3. Es decir, la interfaz cliente, el navegador web, realiza una petición al servidor, se establece la comunicación, iniciándose un diálogo entre servidor y cliente. El servidor atiende la petición y le envía el o los archivos que necesita el navegador. Una vez atendido el cliente, ya no es necesario mantener ninguna comunicación entre el servidor y el cliente. Esto es importante porque el servidor solo tiene que atender aquellas peticiones que estén "vivas" en ese momento.

3.1.5. Ventajas e inconvenientes de los tipos de aplicaciones. Comparativa

Tipo de aplicación	Conexión persistente	Tiempo real	Entorno gráfico	Necesita red	Recursos servidor	Multiplata forma
Aplicación de terminal	SÍ	SÍ	NO	SÍ	SÍ, bajos	Sí
Aplicación de escritorio	NO	SÍ	SÍ	NO	NO	No
Aplicación cliente/ servidor	SÍ	SÍ	SÍ	SÍ	SÍ, alto	No
Aplicación web	NO	SÍ	SÍ	SÍ	SÍ, bajo	Sí

Según la tabla, se puede llegar a las siguientes conclusiones y/o ventajas de las aplicaciones web:

• Las aplicaciones web son las que menos recursos necesitan del servidor.

• No necesitan de un *software* específico para cada aplicación web que se utilice. Se utiliza la interfaz de navegación web para manejar dichas aplicaciones.

• Son completamente transportables e independientes de la plataforma. Es decir, desde cualquier navegador de cualquier equipo se puede acceder a las mismas aplicaciones. Incluso desde *smartphones* y tabletas.

• El coste de mantenimiento es bajo.

• No dependen de licencias.

Como desventajas de las aplicaciones web se pueden citar:

• Necesitan de conexión constante a Internet.

• Necesitan de la vinculación con el servidor que proporciona la aplicación web.

• No hay control directo sobre los datos.

3.2. Tecnologías de desarrollo de aplicaciones

Dependiendo de qué tipo de aplicación y hacia qué modelo se va a desarrollar se deberán valorar las distintas técnicas de desarrollo.

A la hora de construir una aplicación, por ejemplo, de escritorio, la parte de red que se debe controlar es de menor relevancia que si se desea crear una aplicación con un desarrollo tipo cliente/servidor en el que la comunicación es un factor muy importante en su desarrollo.

Está claro que las aplicaciones que se deben desarrollar para modelos tipo terminal o emuladores de terminal (texto) no son complejas desde el punto de vista de entornos gráficos porque no los tienen. Ya quedan pocas aplicaciones en "modo texto" operativas y su tendencia es a desaparecer. Su uso se restringe casi en exclusividad para mantenimiento de servidores y dispositivos de red, como *switches* de capa 3, rúter, puntos de acceso, etcétera.

Se dispone de herramientas que permiten iniciar el desarrollo de cualquier aplicación desde el primer momento, antes de proceder a codificar los distintos programas que componen la aplicación.

Una muy potente herramienta de desarrollo importante es la **herramienta CASE** (*computer aided software engineering,* y en español 'ingeniería de *software* asistida por ordenador'). Consiste en diversas aplicaciones informáticas destinadas a aumentar la productividad en el desarrollo de *software* reduciendo el coste de las mismas en términos de tiempo y de dinero. Esta herramienta puede ayudar en todos los aspectos del ciclo de vida de desarrollo del *software* en tareas como el proceso de realizar un diseño del proyecto, cálculo de costes, implementación de parte del código automáticamente con el diseño dado, compilación automática, documentación o detección de errores entre otras.

En la Figura 3.4 se observa un ejemplo donde se muestra la interfaz de diseño con una herramienta CASE.

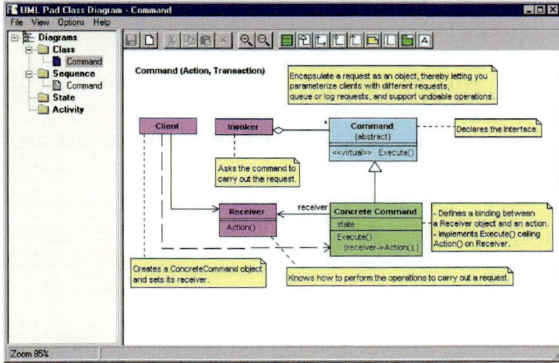

Figura. 3.4.

Los objetivos de esta herramienta son:

- Mejorar la productividad del *software*.

- Aumentar la calidad del *software*.

- Reducir el tiempo y el coste de desarrollo y mantenimiento de los sistemas informáticos.

- Mejorar la planificación de un proyecto.

- Aumentar la biblioteca de conocimiento informático de una empresa ayudando a la búsqueda de soluciones para los requisitos.

- Automatizar el desarrollo del *software*, la documentación, la generación de código, las pruebas de errores y la gestión del proyecto.

- Ayuda a la reutilización del *software*, portabilidad y estandarización de la documentación.

- Gestión global en todas las fases de desarrollo del *software* con una misma herramienta.

- Facilitar el uso de las distintas metodologías propias de la ingeniería del *software*.

Se toma como ejemplo la planificación de la base de datos en su primera etapa del ciclo de vida. Se puede escoger una herramienta CASE que permita llevar a cabo el resto de tareas buscando el modo más eficiente y efectivo posible. Una herramienta CASE suele incluir:

- Un diccionario de datos para almacenar información sobre los datos de la aplicación de bases de datos.

- Herramientas de diseño para dar apoyo al análisis de datos.

- Herramientas que permitan desarrollar el modelo de datos corporativo, así como los esquemas conceptual y lógico.

- Herramientas para desarrollar los prototipos de las aplicaciones.

- El uso de las herramientas CASE puede mejorar la productividad en el desarrollo de una aplicación de bases de datos.

Herramientas CASE:

- PLATINUM Erwin (http://erwin.com/).

- Oracle Designer (https://www.oracle.com/database/technologies/developer-tools/designer.html).

- PowerDesigner (https://www.sap.com/products/technology- platform/powerdesigner-data-modeling-tools.html).

- System Architect (https://www.unicomsi.com/products/system-architect/).

Dentro de las herramientas CASE está disponible el lenguaje **UML** (*Unified Modeling Language,* 'lenguaje unificado de modelado') y se trata de un estándar que ha sido adoptado internacionalmente por numerosos organismos y empresas para crear esquemas, diagramas y documentación relativa a los desarrollos de *software*.

UML es una herramienta frecuentemente utilizada por analistas funcionales y analistas-programadores.

Tipos de diagramas UML:

- Estructura

  — Diagrama de clases

  — Diagrama de objetos

  — Diagrama de componentes

  — Diagrama de estructura compuesta

  — Diagrama de paquetes

  — Diagrama de despliegue

- Comportamiento

  — Diagrama de casos de uso

  — Diagrama de actividades

  — Diagrama de estado

- Interacción

  — Diagrama de secuencia

  — Diagrama de comunicación

  — Diagrama de tiempo

  — Diagrama de interacción

En ocasiones ocurre que llega un proyecto ya terminado, pero la organización propietaria del producto desea continuar con una nueva versión. Bien, existe una idea para conocer dicho producto y no es otra que el principio de ingeniería inversa.

¿En qué consiste? En obtener información o un diseño a partir de un producto, con el fin de determinar de qué está hecho, qué lo hace funcionar y cómo fue fabricado.

Puede ser una herramienta interesante. ¿Cómo? Aplicando ingeniería inversa a nuestras aplicaciones podemos generar modelos UML para analizar, mejorar o reutilizar nuestras aplicaciones.

En ocasiones es difícil descifrar el código fuente heredado o programado a mano porque el funcionamiento del *software* no depende de una documentación completa o precisa ni de un cuerpo de código bien estructurado. Además, pueden darse casos, como que algunos proyectos incluyen archivos binarios, que se deben analizar; que el desarrollador que creó estos archivos ya no esté en la organización o que el proceso de desarrollo se dividiera entre varios miembros del equipo y nadie conozca bien todo el proyecto.

3.2.1. Características por tipo de aplicación

Para **aplicaciones de escritorio**: su desarrollo se divide en dos capas. Por un lado, la base de datos, y por otro, la aplicación.

La capa aplicación se desarrolla en un lenguaje de programación con el que se desarrollarán todos los programas de la aplicación.

¿Cómo se desarrolla la aplicación? Generalmente se dispondrá de un IDE (*Integrated Development Environment,* o 'entorno de desarrollo integrado'). Se obtendrá el programa en lenguaje fuente. Se debe transformar en lenguaje objeto y, posteriormente, se transformará en ejecutable a través de un compilador. Hoy en día, los compiladores están integrados en el propio **IDE**.

En la Figura 3.5 se muestra el IDE Eclipse.

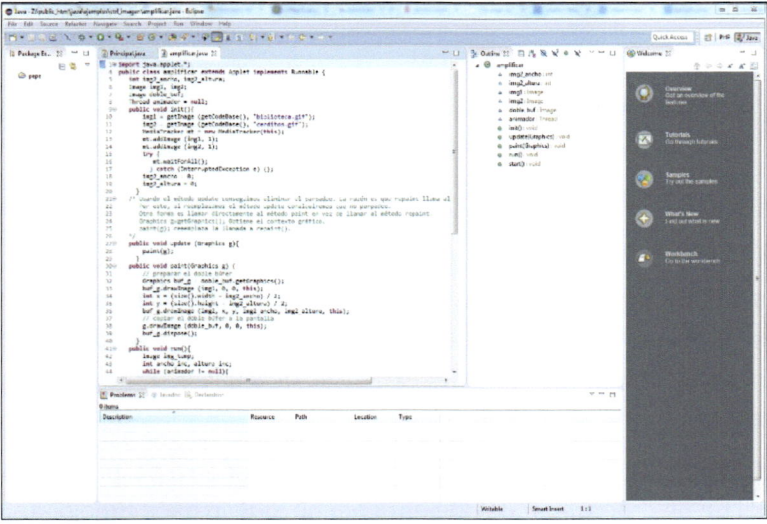

Figura. 3.5.

La aplicación de escritorio, para utilizar los datos, necesita de un motor de base de datos. A la hora de desarrollar la aplicación, deben existir unos conectores de acceso al motor de base de datos. Esto permitirá realizar las funciones más comunes de trabajo sobre datos: creación, modificación e informes de datos.

Para **aplicaciones cliente/servidor**: su desarrollo depende de la funcionalidad de desarrollo que se desea tener; si necesita interfaz o no; si solo es el motor de base de datos el que está en el servidor, o la misma aplicación tiene una parte en el servidor y una más liviana en el cliente.

En cualquier caso, el desarrollo de la aplicación sigue el mismo procedimiento que una aplicación de escritorio. Pero la diferencia entre ambas es la manipulación de *sockets* como parte de la aplicación. *Sockets* designa un concepto abstracto por el cual dos programas situados en ordenadores distintos pueden intercambiar cualquier flujo de datos, generalmente de manera fiable y ordenada.

En realidad, las herramientas tanto para las aplicaciones de escritorio como las aplicaciones cliente/servidor son las mismas. Se utilizan prácticamente las mismas herramientas tanto de desarrollo, IDE, como de compilación.

Para **aplicaciones web**: aunque se basa en el modelo cliente/servidor, su forma de interactuar es distinta a aquel. Una diferencia es que las comunicaciones entre el cliente y el servidor no son persistentes. No necesita mantener abierta la comunicación entre el cliente y el servidor. Solo se comunicarán cuando el cliente lo solicite y se mantendrá hasta que el servidor finaliza la entrega del o de los documentos que el cliente necesita.

Es multiplataforma porque no requiere de *software* adicional para funcionar. Al realizarse todas las tareas a través de la interfaz del navegador web, vale cualquier navegador para acceder a la aplicación web.

La aplicación web no requiere conocimientos sobre comunicaciones, va implícito en el navegador y en el servidor.

Para saber más…

Ejemplos de lenguajes de alto nivel: VB.NET, Ada, ALGOL, BASIC, C Sharp, FORTRAN, Java, Lisp, Modula-2, Pascal, Delphi, Perl, PHP, PL/1, PL/SQL, Python, Ruby, Matlab, C++.

3.2.2. Comparativa según el tipo de aplicación

Tipo de aplicación	Licencias por usuario o instalación	Multiplataforma	Presentación amigable
Terminal	No	Sí	No
Escritorio	Sí	No	Sí
Cliente/servidor	Sí	No	Sí
Web	No	Sí	Sí

3.3. Tecnologías específicas para el desarrollo web

El desarrollo web ha evolucionado muy deprisa en los últimos tiempos. Ha sido tal su desarrollo que casi podría decirse que está en una "revolución" constante. Además, su desarrollo ha evolucionado en dos sentidos: desarrollo web en cuanto a sistemas y desarrollo web en cuanto a aplicaciones o desarrollo de *software*.

En el aspecto de sistemas, se han desarrollado herramientas de administración de sistemas, servicios de alojamiento, técnicas de escalabilidad, monitorización en tiempo real, etcétera.

Y en el aspecto del desarrollo de *software,* se han creado multitud de tecnologías, *frameworks* para el desarrollo, librerías, aplicaciones hechas configurables, arquitecturas, modelos de publicación de versiones, etcétera.

Si el desarrollo web se centra solo en el aspecto de desarrollo de *software,* podría dividirse en dos apartados: creación de webs con tecnologías de desarrollo y creación de webs con gestores de contenidos (CMS - *Content Management System*).

Creación de webs con tecnologías de desarrollo:

* Arquitecturas de aplicaciones web: una aplicación puede tener varias arquitecturas.

* Tecnologías del cliente: son las tecnologías que permiten crear interfaces "amigables" y, además, permite comunicarse con el servidor. Estas tecnologías están basadas en: HTML, CSS y JavaScript (incluyendo herramientas como JSON).

* Tecnologías del servidor: tecnologías que permiten implementar el comportamiento de la web en el servidor: lógica de negocio, generación de informes, comunicación con otros servicios del servidor o servidores (correo electrónico), etcétera.

* Bases de datos: soporte de datos de la aplicación web que se desarrolló.

Creación de webs con tecnologías CMS:

- Aplicaciones web de publicación de contenidos: portales, blogs, webs de empresas o institucionales, RSS, etcétera.

- Aplicaciones web empresariales: CRM (*Customer Relationship Management*), ERP (*Enterprise Resource Planning*).

- Aplicaciones web educativas: como ejemplo muy extendido tenemos Moodle. Aunque hay otras alternativas, como Claroline, Atutor, Efront, etcétera.

3.3.1. Portales de Internet. Características

Un portal de Internet es un sitio web que ofrece al usuario, de forma fácil e integrada, el acceso a una serie de recursos y de servicios generalmente relacionados con un mismo tema. Puede incluir enlaces de interés, noticias, chats, buscadores, foros, documentos, aplicaciones, compra electrónica, etcétera.

Los portales son capaces de adaptar las necesidades del usuario en función de sus intereses. Incidiendo en mostrar, basándose en los datos recolectados en función de la navegación del usuario, aquellos contenidos que más se ajusten a sus gustos. Esta información la recaba en el perfil del usuario y/o utilizando *cookies* que se guardan en el propio equipo del usuario.

Figura. 3.6.

En la Figura 3.6 se muestra el ejemplo de un portal web, Yahoo.

3.3.2. Gestores de contenidos: servidores de portales y documentales

Los gestores de contenidos son aplicaciones web construidas, pero configurables, que permiten adaptarlas y convertirlas en un sitio único.

¿Qué se necesita para construirlas? Se necesita un servidor web, un motor de base de datos y la propia aplicación. Una vez se tengan esos elementos se debe desplegar la aplicación. Es posible que se deban cambiar permisos de algunas carpetas o directorios porque estas aplicaciones necesitan dejar o modificar archivos del sistema, aparte de los datos de la propia base de datos. Lo más probable es que la propia aplicación informe en todo momento de cómo está la instalación y si se deben modificar privilegios sobre carpetas o directorios y archivos. Se debe tener especial cuidado en este tema porque puede ser el punto vulnerable de todo el sistema del servidor.

Estas aplicaciones web preconstruidas suelen estar orientadas hacia un tipo de aplicación web. Por ejemplo, Joomla es completamente adaptable para convertirse en un portal, igual que Drupal.

Sin embargo, Coppermine está orientado a ser un portal de contenido fotográfico.

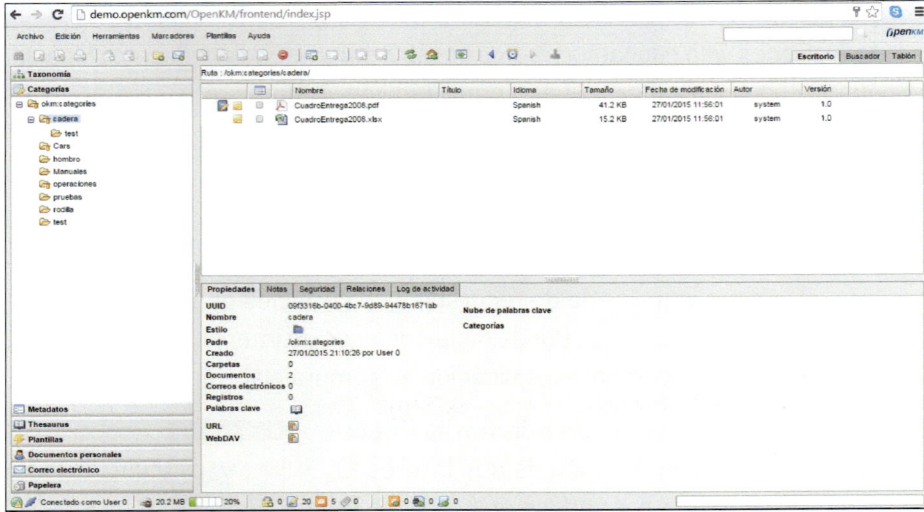

Figura. 3.7.

Los servidores documentales proporcionan soluciones completas de gestión de documentos incluyendo el control de versiones, metadatos, escaneo, comentarios, foros sobre el documento, *workflow*, etc. Esto permite que las actividades sociales en torno al contenido se utilicen para conectar unas personas con otras personas, la información con la información, y las personas con la información, ayudando a gestionar, de forma más eficiente, la inteligencia colectiva que reside en los recursos humanos de una empresa o institución. Como ejemplo, citaremos la aplicación OpenKM (https://www.openkm.com/es/).

En la Figura 3.7 se observa el entorno de trabajo de un servidor documental, en este caso OpenKM.

3.3.3. Servidores de contenidos multidispositivo

Actualmente, prácticamente todas las aplicaciones web ofrecen servicios que se adaptan al dispositivo que realiza la petición.

Debe recordarse que las aplicaciones web tienen herramientas que se ejecutan en el lado del servidor. Movimientos que los dispositivos cliente no llegan a conocer.

¿Cómo funciona la adaptabilidad de la aplicación en función del dispositivo que solicita la información? En el proceso del intercambio de información entre el cliente y el servidor (se utiliza el protocolo HTTP) se pasa información como el tipo de dispositivo que solicita esa información. La aplicación web debe tener los recursos necesarios para adaptar el contenido al dispositivo al que va dirigido.

¿Cómo actúa la aplicación web para adaptar las páginas al destinatario? Como se ha dicho antes, a través del protocolo HTTP. La aplicación recoge la información del dispositivo y mediante un algoritmo utilizando, por ejemplo, un *script* PHP para adaptar las páginas a su destinatario. Por ejemplo, adapta las hojas de estilo, CSS, dependiendo de si el cliente es un ordenador de sobremesa o una tableta.

3.3.4. Componentes básicos en portales web. Portlets y otros componentes de uso común

El lector recordará lo que es un portal web. Es una aplicación con las siguientes características:

- Un producto basado en web: servidor web y cliente navegador.

- Es personalizable.

- Integración de sistemas que permiten identificación única por cada usuario.

- Adición de contenidos de diversas fuentes.

- También hay productos en el mercado denominados servidores de portales, o *portal servers,* cuya misión es permitir el desarrollo rápido de portales que integran el acceso a información, servicios y aplicaciones. Se generan a través de *portlets* o componentes de presentación.

¿Qué es un **portlet**? Los *portlets* son módulos integrantes de una aplicación web o portal web, y su utilización es para presentar y/u organizar información de un sitio web. En un mismo sitio web pueden existir varios *portlets*.

Se comportan como si fueran pequeños trozos de página web dinámicas. Ejemplos: el parte meteorológico, un calendario, noticias, *email*, cotizaciones, foros, encuestas, formularios, canales RSS, *Web Services*, integración de aplicaciones, herramientas de análisis, herramientas de trabajo en grupo, etcétera.

El concepto de *portlet* es propio del mundo Java, y tiene su traducción en el entorno Microsoft como **web parts** (*Sharepoint Portal Server*).

Según la Java Specification Request 168 y la WSRP (*Web Services for Remote Portals*), que tratan de definir los estándares para el desarrollo de *portlets* y su interoperabilidad, son componentes web basados en Java y gestionados por un contenedor de *portlets* que procesa peticiones y genera contenido dinámico. Los portales usan *portlets* como componentes de interfaz de usuario que proveen de una capa de presentación a los sistemas de información.

3.3.5. Características y comparativa de los portales web de uso común

Cms	Características	Sitios web
Alfresco	Alfresco Community Edition: Licencia LGPL. Alfresco Enterprise Edition: Licencia código abierto. Alfresco Cloud Editio: Licencia Saas. Lenguaje de programación JAVA. BBDD MySQL, PostgreSQL, Oracle, SQL Server. Servidor web: Apache Tomcat. Sistema operativo: multiplataforma.	https://www.hyland.c om/es/products/alfre sco-platform
Drupal	Licencia GPL. BBDD MySQL, PostgreSQL o SQLite. Lenguaje de programación PHP. Servidor web: Apache, Microsoft IIS.	http://www.drupal.o rg
Ez Publish	Licencia GPL. BBDD MySQL, PostgreSQL o SQLite. Lenguaje de programación PHP. Servidor web: Apache, Microsoft IIS.	https://ez.no
Joomla	Licencia GPL. BBDD MySQL. Lenguaje de programación PHP. Servidor web: Apache.	https://www.joomla. org
Liferay	Licencia LGPL. Lenguaje de programación JAVA. BBDD MySQL, PostgreSQL, SQLite, IBM DB2. Servidor web: Apache Tomcat, Resin, Jetty	https://www.liferay.c om/es/
OpenCms	Licencia LGPL. Lenguaje de programación JAVA. BBDD MySQL. Servidor web: Apache Tomcat.	http://www.opencms.org/en/

Cms	Características	Sitios web
Plone	Licencia GPL. Lenguaje de programación PYTHON. BBDD ZOPB. Servidor de aplicaciones ZOPE.	https://plone.org
Typo3	Licencia GPL. Lenguaje de programación PHP. BBDD MySQL, PostgreSQL, Oracle. Servidor web: Apache, IIS.	https://typo3.org
WordPress	Licencia GPL. Lenguaje de programación PHP. BBDD MySQL. Servidor web: Apache, Nginx.	https://wordpress.org

Otros portales menos utilizados por la comunidad son:

Xoops: https://www.xoops.org.

Umbraco: https://umbraco.com.

Textpattern: https://Textpattern.com.

Phpnuke: https://www.phpnuke.org.

Spip: https://www.spip.net/es_rubrique23.html

Movable Type: https://www.movabletype.com/

Magnolia CMS: https://www.magnolia-cms.com/

Jahia: https://www.jahia.com/en

ExpressionEngine: https://expressionengine.com/

E107: https://e107.org/

Concrete5: https://www.concretecms.com/

Django CMS: https://www.django-cms.org/en/.

DotCMS: https://dotcms.com/

DotNetNuke: https://www.dnnsoftware.com/

ACTIVIDADES

3.1. Una aplicación web es:

    a. Aquella que se necesita un navegador web para acceder al *software* de gestión. Este *software* está ubicado en un servidor web.

    b. Son páginas web donde el usuario puede interactuar.

    c. Son páginas web que contiene elementos de scripting como JavaScript.

    d. Cualquier página web.

3.2. Se denomina aplicación de terminal a:

    a. Aquella a la que se le dan órdenes o comandos en el navegador.

    b. Navegador que permite abrir una consola en el equipo.

    c. La aplicación que abre una "ventana" donde se interactúa con el equipo mediante comandos u órdenes.

    d. Ninguna respuesta es correcta.

3.3. Las herramientas CASE son:

    a. Herramientas de diseño gráfico.

    b. Herramientas de ingeniería de *software* asistido por ordenador.

    c. Herramientas de construcción de programas.

    d. Herramientas genéricas de diseño.

3.4. Las herramientas IDE son:

    a. Herramientas *software* para chequear aplicaciones específicas.

    b. Herramientas de diseño de programas.

    c. Herramientas web que se utilizan como banco de pruebas.

    d. Herramientas de edición y utilidades para realizar programas.

3.5. Las aplicaciones web se pagan en función del número de terminales. Indica si verdadero o falso.

    a. Verdadero.

    b. Falso.

3.6. Un CRM es:

    a. Una aplicación de escritorio.

    b. Una aplicación en la nube.

    c. Una web empresarial.

    d. Una tienda web.

3.7. Un servidor documental es:

a. Una base de datos que contiene documentos.

b. Una solución completa de gestión de documentos.

c. Un servidor de *backups* empresariales.

d. No existe este tipo de servidores.

3.8. Un *portlet* es:

a. Módulos creados con AJAX.

b. Módulos de programación en el servidor web.

c. Un módulo de una página web.

d. Un módulo integrado en una aplicación web.

3.9. ¿Cuál de las siguientes características no corresponde a un portal web?

a. Las licencias se pagan por instalación en equipos locales.

b. Es personalizable.

c. Adición de contenidos de diversas fuentes.

d. Economía en los productos de soporte.

3.10. Una aplicación necesita un ordenador para poder utilizarse. Indica si es verdadero o falso.

a. Verdadero.

b. Falso.

3.11. Un portal web es:

a. Un buscador.

b. Proveedor de noticias.

c. Correo web.

d. Todas las respuestas son correctas.

3.12. Un CMS sirve para:

a. Gestionar un negocio.

b. Gestionar contenido web.

c. Gestionar una tienda web.

d. Gestionar cuentas de correo.

3.13. La arquitectura cliente/servidor consiste en:

a. La comunicación entre un equipo que hace de cliente y un servidor.

b. La comunicación concurrente de equipos cliente y servidores de forma simultánea.

c. La comunicación, mediante terminal, de un equipo cliente con un servidor.

d. La necesidad de un equipo cliente de contactar con un servidor para cargar su sistema operativo.

3.14. El lenguaje de scripting está en la categoría de lenguajes de alto nivel. Indica si es verdadero o falso.

a. Verdadero.

b. Falso.

3.15. Una aplicación web necesita:

a. Conexión persistente del equipo cliente con el servidor.

b. Terminal abierta con el servidor.

c. Que el servidor web esté en un ordenador con Linux.

d. Un *software* que actúa de servidor web y un navegador en el lado cliente.

3.16. Una característica que diferencia una aplicación web del resto es:

a. Necesita de una compilación previa.

b. Es la que menos recursos necesitan del servidor.

c. Requiere de una conexión persistente.

d. Su coste está relacionado con el número de conexiones.

3.17. ¿Una aplicación web podría comportarse como un programa de utilidad? ¿Por ejemplo, Ping?

a. No, en ningún caso.

b. No, porque no tiene esa característica.

c. Sí, en cualquier caso.

d. Sí, si se implementa en un scripting y el servidor lo permite.

3.18. Se quiere implantar una tienda virtual. ¿Qué módulos deben implantarse de terceros para asegurar la transacción económica?

a. Pasarela bancaria.

b. Proporciona una cuenta bancaria.

c. Implementar en la web la recopilación del número de tarjeta de crédito.

d. Confiar en la honestidad del comprobador aceptando las condiciones de compra/venta.

3.19. **El navegador web es:**

    a. Una aplicación web.

    b. Una aplicación multiusos.

    c. Una aplicación terminal.

    d. Una aplicación de escritorio

3.20. **Un navegador web puede mostrar una página web alojada en el propio ordenador. Indica si es verdadero o falso.**

    a. Verdadero.

    b. Falso.

ACTIVIDAD PRÁCTICA

Instalar y configurar una aplicación web y ponerla en funcionamiento.

Trabajaremos con una aplicación ya desarrollada como, por ejemplo, una plataforma educativa: Moodle.

4. Desarrollo y despliegue de aplicaciones web

Introducción

En toda aplicación se distinguen dos fases: el desarrollo de la aplicación y su posterior despliegue.

En la primera fase, a su vez, se realizan diversas operaciones sobre la aplicación, respondiendo a una serie de preguntas que marcarán el proyecto desde sus inicios hasta su culminación:

- **Análisis y diseño de la aplicación**: ¿qué problema vamos a solucionar? Es básico que para realizar una aplicación útil sus cimientos deban ser consistentes. Esos cimientos son el análisis, lo más profundo que sea posible, del problema para afrontar su posible solución. Esa posible solución se plasma en el diseño de la aplicación, que conlleva: el análisis de los datos que va a manejar y/o manipular la aplicación y los informes que va a necesitar. Una vez definidos los tipos de datos y la relación entre estos, se deberá diseñar la aplicación que manipulará todos esos datos. Habrá que definir qué programas necesitará la aplicación y qué tareas deberán realizar.

- **Modelos de desarrollo**: ¿cómo se va a solucionar? Uno de los problemas que se encuentran los desarrolladores es el de utilizar herramientas de trabajo comunes. Los programas de las aplicaciones suelen ser desarrollados por personas distintas. Debe buscarse un método común y documentado que permita que otra persona sea capaz de leer el código y proseguir el desarrollo del programa.

- **Herramientas de desarrollo**: ¿qué herramientas se utilizarán? De igual manera que deben ser comunes los modelos de desarrollo, también lo deben ser las herramientas. Cuando menos, que tengan un comportamiento común.

- **Implementación de la aplicación**: ¿en qué entorno se va a trabajar? Otra cuestión que se debe resolver es la plataforma para la que se vaya a desarrollar. En el caso de las aplicaciones web, es relativamente fácil porque debe existir un servidor web y se presenta la aplicación en una interfaz, el navegador web.

Pero hay más, ¿qué sistema operativo base será el que sustente la aplicación y si tendrá relevancia o no? Se debe decidir si es importante el sistema operativo soporte o no. Si es relevante el servidor web o no; por ejemplo, la elección entre el servidor web Apache o Microsoft IIS.

Todo este soporte base se puede realizar en un entorno virtualizado y controlado.

- **Fase de pruebas**: ¿qué pruebas se necesitan para verificar la aplicación y que cumpla con los requisitos mínimos de funcionalidad? Es importante diseñar un banco de pruebas que permita verificar la disponibilidad o la obligación de corregir errores de la aplicación desarrollada.

- **Empaquetado de la aplicación**: ¿cómo se distribuirá la aplicación? Una vez finalizado el desarrollo se debe seguir una estrategia de empaquetado y posterior instalación de la aplicación.

- **Despliegue de la aplicación**: ¿método de puesta en marcha? Aunque no es relevante para la aplicación en sí, es importante que haya un método de instalación de la aplicación que permita realizarla por un usuario informático y no necesariamente por un experto.

Contenido

4.1. Modelos básicos de desarrollo de aplicaciones web. El modelo vista-controlador (MVC)

El modelo vista controlador (MVC) es un patrón de arquitectura de *software* que separa los datos y la aplicación de la interfaz de usuario y el módulo encargado de gestionar los eventos y las comunicaciones.

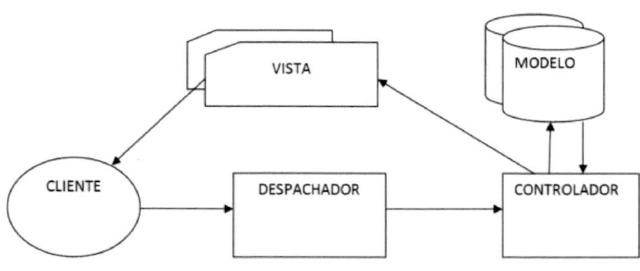

Figura. 4.1.

Para ello, MVC propone la construcción de **tres componentes** distintos que son **el modelo, la vista y el controlador**. El patrón de llamada y retorno MVC (según CMU) se ve, con frecuencia, en aplicaciones web. En este tipo de aplicaciones, la vista es la página HTML y el código que provee de datos dinámicos a la página. El modelo es el sistema de gestión de base de datos y la lógica de negocio, y el controlador es el responsable de recibir los eventos de entrada desde la vista.

Básicamente y según MVC, se pueden definir los tres componentes como:

Modelo: es la capa que trabaja con los datos. Deberá contener mecanismos para acceder a la información y también para actualizar su estado. Es decir, gestionar todos los accesos a esa información, consultas tanto para informes como de mantenimiento (actualización), valorar los privilegios de acceso que habrán sido descritos en las especificaciones de la aplicación que se llama lógica de negocio. Como resultado, envía a "vista" aquella parte de la información que se le solicita para ser mostrada.

Se debe tener en cuenta que las peticiones de acceso y/o manipulación de los datos o información llegan a "modelo" a través de "controlador".

Vista: esta parte es la encargada de mostrar la información solicitada. Contendrá el código de la aplicación necesaria para mostrar dicha información. En entornos web será, habitualmente, mediante código HTML, CSS y JavaScript en el caso del navegador, que será el encargado de interpretarlo. Pero habrá una parte que se ejecutará previamente en el servidor como es el caso de los *scripts*, por ejemplo, de PHP.

Controlador: esta capa es la responsable de responder a eventos; por ejemplo: en el caso de peticiones del usuario para hacer una compra, visualizar un elemento, búsqueda de información, etc. Esto provocará la invocación de una petición al "modelo" para que genere un resultado atendiendo a la información de la que se dispone.

También puede enviar órdenes a su "vista", asociada si se solicita un cambio en la forma en que se presenta de "modelo" (por ejemplo, desplazamiento o *scroll* por un documento o por los diferentes registros de una base de datos), por tanto, se podría decir que el "controlador" hace de intermediario entre la "vista" y el "modelo".

4.2. Herramientas de desarrollo web de uso común

Hoy en día, dada la complejidad que adquieren las aplicaciones web y los tiempos que se manejan a la hora de diseñar y desarrollar una aplicación web, se debe trabajar con herramientas que faciliten el desarrollo de las diferentes fases del proceso.

En los inicios del desarrollo web solo era necesario un editor de textos para realizar esta tarea.

Pero esto ha cambiado y actualmente hay herramientas más o menos sofisticadas, gratuitas y de pago. Pero, hoy en día, este conjunto de herramientas es necesaria para desarrollar una aplicación web con garantías de funcionamiento que permiten una reducción de tiempos y, por tanto, de costes finales.

Cualquier desarrollador web debe tener en cuenta que debe trabajar pensando en la arquitectura cliente/servidor. Que el servidor tiene una funcionalidad y el cliente, en este caso navegador, otra. Debe ser capaz de decidir cuándo debe desarrollar en la parte del servidor y cuando en la parte de cliente.

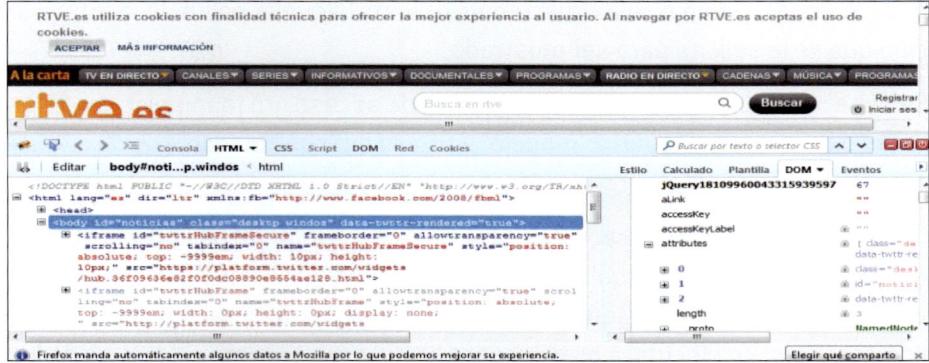

Figura. 4.2.

¿Qué herramientas deben utilizarse? Para desarrollar un sitio web se necesita un editor capaz de ayudar, sobre todo, con el código que se ira implementando. Es decir, si se va a desarrollar sobre una plataforma ASP .NET debe ser capaz de ayudar o sugerir con el código ASP. Y si es una plataforma Apache con PHP debe ser capaz de ayudar con el código que se genere en PHP. Desde luego, debe ser capaz de "entender" el código base del lado del cliente como HTML, CSS y JavaScript, a ser posible actualizado a la última versión.

Por otro lado se necesita comprobar con los navegadores más utilizados el resultado de generar el diseño del sitio web. Se debe buscar que la interfaz resultante sea válida en cualquiera de los navegadores más utilizados por el público al que va dirigido.

Si, además, estos navegadores tienen herramientas en las cuales se pueda observar el comportamiento de la interfaz en función de los cambios, mucho mejor.

4.2.1. Características

Se empezará por lo más "fácil", las herramientas que ofrecen los navegadores:

Chrome Developer Tools: los DevTools proporcionan a los desarrolladores acceso a los componentes internos del navegador y sus aplicaciones web. Este tipo de herramientas las utilizan los desarrolladores para rastrear problemas de diseño en la web de manera eficiente y obtener ideas para la optimización del código.

WhatFont para Chrome: herramienta de tipografías. Bugzilla (Chrome y Firefox): seguimiento de errores.

Firebug (Firefox): seguimiento de la codificación de una página. Genera toda la documentación en diversas ventanas, muestra enlaces, CSS, DOM, etcétera.

Internet Explorer: pulsando F12 se obtiene un depurador de código.

Herramientas que se encuentran en la web:

- Diversas herramientas para combinar colores:
    - https://www.colorexplorer.com/,
    - https://color.adobe.com/es/create/color-wheel/
- Test de la web conforme a los estándares:
    - https://www.tawdis.net/
    - https://idrc.ocadu.ca/
    - https://squizlabs.github.io/HTML_CodeSniffer/

- Para elegir una fuente para un texto:

  — http://wordmark.it/

- Selector de colores:

  — http://paletton.com/

- Selector de colores sencillos:

  — https://www.w3schools.com/colors/

Herramientas de desarrollo con código con aplicaciones de escritorio:

- NetBeans: herramientas de desarrollo visuales de SOA, herramientas de esquemas XML, orientación a *web servicies* (*for* BPEL), y modelado UML. El NetBeans C/C++ Pack soporta proyectos de C/C++, mientras el PHP Pack soporta PHP.

- Dreamweaver: esta herramienta está orientada a la construcción, diseño y edición de sitios, vídeos y aplicaciones web basados en estándares. Tiene la posibilidad de edición en formato WYSIWIG y edición de código.

- Quanta plus: herramienta para el desarrollo de páginas web diseñado para el proyecto KDE (escritorio para GNU/Linux). Es *software* libre.

- CoffeeCup HTML Editor: herramienta de edición de código HTML que soporta edición HTML y WYSIWYG. Es un *software* de pago.

- OpenBEXI: herramienta de edición WYSIWYG.

- Microsoft Expression Web: es un editor de páginas web HTML y es considerado como una evolución de FrontPage 2003. Utiliza el mecanismo de maquetación WYSIWYG para modificar páginas web.

- Amaya: herramienta combinada del W3C compuesta por un navegador web y una herramienta de desarrollo web. Cualquier página web que se abra puede ser editada inmediatamente. Se pueden ver y generar páginas HTML y XHTML con hojas de estilo CSS, expresiones MathML y dibujos SVG. Es *software* libre.

- Aptana Studio: herramienta con un entorno de desarrollo integrado. Es multiplataforma y provee soporte para lenguajes como: Php, Python, Ruby, CSS, Ajax, HTML y Adobe AIR. Es *software* libre.

- Microsoft Visual Web Developer: herramienta de desarrollo liviano pensado para la utilización y aprendizaje. Está formado por un conjunto de herramientas y utilidades para la creación de sitios con sus aplicaciones web con ASP.NET 4.x.

- Kompozer: herramienta completa para desarrollo web que combina archivos web manejables y de fácil uso del editor de páginas en formato WYSIWYG. Es un programa multiplataforma. Es *software* libre.

- Xara Web Designer: herramienta para diseño web que combina plantillas de diseño personalizables con diseño flexible de páginas web multimedia. Combina diseño de texto, optimización de imagen, diseño gráfico, posibilidades de ampliación y publicación. Es *software* privativo.

4.2.2. Comparativa

Es difícil establecer una comparativa objetiva sobre las herramientas mencionadas anteriormente y las que no recoge el presente libro porque hay factores que establecen la idoneidad de una herramienta en función de las características intrínsecas de la herramienta, el uso que se hace de ella y los gustos subjetivos de la persona que las utiliza.

El primer factor que limita la herramienta es el lenguaje de programación del lado del servidor que se utiliza en el desarrollo. Otro factor es la programación del lado cliente (tanto HTML, CSS, JavaScript y JSON) y la versión que se esté utilizando en el desarrollo.

Otro factor, sin duda, que afecta al uso de una herramienta, en el caso de aplicación de escritorio, es el sistema operativo que se utilice. Habrá herramientas que funcionan correctamente en Windows que no tienen su versión en Mac o Linux, y otras aplicaciones de escritorio que tienen su desarrollo en Linux y no así en Mac o Windows.

Dada la complejidad para realizar una comparativa sin correr el riesgo de cometer errores subjetivos se deja a elección del alumno el decantarse por una herramienta u otra. La herramienta que gran parte de los desarrolladores web consideran la mejor para realizar un desarrollo en el que combina perfectamente el diseño WYSIWIG con la edición del documento resultante es Dreamweaver. Esta herramienta lleva muchos años en el mercado y ha sabido combinar sencillez con actualidad. Permite diseñar páginas en cualquiera de sus estándares. Es capaz de trabajar prácticamente con cualquier lenguaje de programación del lado del servidor: PHP, ASP y JSP. A la hora de desarrollar código, tiene ayudas en tiempo de edición; por ejemplo, si está escribiendo una sentencia, aparece una ayuda contextual donde se mostrarán distintas alternativas. Como herramienta tiene, además, la posibilidad de conectarse con el servidor de producción o de pruebas. La construcción de un sitio web la hace creando un proyecto en el sistema de archivos local y permite cotejarla con un servidor.

4.3. Políticas de desarrollo y pruebas de aplicaciones web

A la hora de desarrollar una aplicación en cualquiera de sus tipos, debe hacerse, a ser posible, en un entorno controlado. Este planteamiento es extensible a las aplicaciones web. Pero en este caso, tiene un valor añadido y es que se debe desarrollar para una arquitectura cliente/servidor.

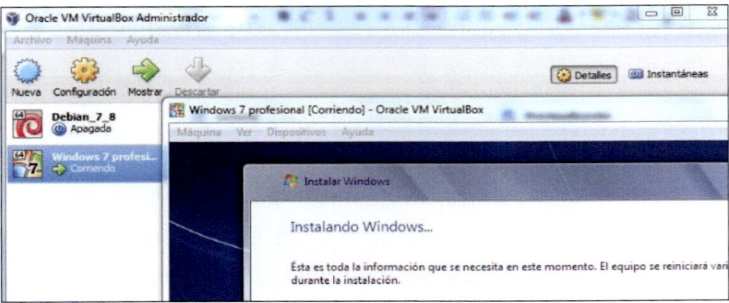

Figura. 4.3.

¿Qué quiere decir esto? Que se debe disponer de un servidor web y de un cliente web.

Entonces, ¿es necesario tener, como mínimo, dos ordenadores? No, se pueden virtualizar. Existen varias aplicaciones que permiten instalar más de un sistema operativo en los ordenadores; es el caso de VirtualBox (https://www.virtualbox.org/), VMware (https://www.vmware.com/) y QEMU (https://www.qemu.org).

La virtualización consiste en tener un ordenador anfitrión, el ordenador que contiene la aplicación de virtualización que es el ordenador físico. A partir de aquí, se instalarán las virtualizaciones de los sistemas operativos como si fueran otros ordenadores en el mismo *hardware*. A estas "máquinas" se les denomina sistemas operativos huésped. Otra alternativa es instalar el servidor web en la propia máquina que se desarrolla. Hay *software* tipo LAMP (Linux, Apache, MySQL y PHP); como ejemplos tenemos: XAMPP (https://sourceforge.net/projects/xampp/) y APPSERV (https://www.appservnetwork.com/?newlang=spanish). En el caso de desear trabajar para una plataforma ASP.NET, se pueden seguir los pasos que se indica en la web:

How to: Create and Configure Local ASP.NET Web Sites in IIS 6.0 | Microsoft Learn.

En un entorno empresarial es común utilizar servidores independientes de los equipos clientes. Estos servidores pueden ser ordenadores físicos de la propia empresa o alquilados. Si no se dispone de infraestructura, se podrá emular dicha infraestructura con las máquinas virtuales que se han comentado anteriormente.

4.3.1. Entorno de desarrollo

Básicamente, el entorno de desarrollo es el equipo u ordenador de trabajo. Se necesitará el *software* necesario para la edición, tanto manualmente como en formato WYSIWIG. Disponer de los navegadores más habituales entre el público a quien va dirigido el sitio web.

Importante, también, es el *software* de diseño gráfico en el caso de que el desarrollador haga también esas funciones.

También es importante que se tenga conexión de red y las herramientas necesarias para mover los archivos generados al

servidor de pruebas. Como ejemplo se cita un cliente FTP (se recomiendan conexiones seguras y cifradas, bien por SFTP —SSH— o FTPS), panel de control para acceder al motor de base de datos, etcétera.

En la Figura 4.4 se muestra una imagen del *software* Dreamweaver, en el cual se aprecia la división de su parte WYSIWIG con la posibilidad de realizar modificaciones sobre su código. Además, en su parte inferior derecha, se muestra una navegación sobre los archivos de la aplicación. Entre sus opciones, está la posibilidad de acceder a los archivos remotos, así como subir o actualizar archivos o bajarlos.

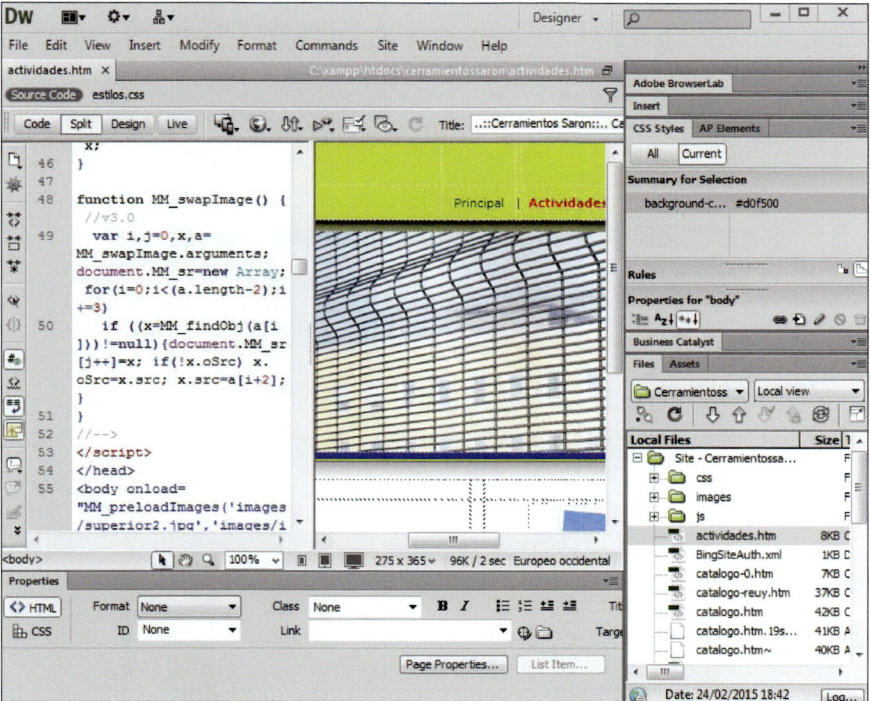

Figura. 4.4.

4.3.2. Entorno de preproducción o pruebas

El entorno de preproducción o pruebas será el lugar donde se comprobará el resultado del código generado y/o la aplicación web que se va a instalar. Debe ser un entorno lo más parecido al servidor (lo ideal será una réplica del mismo) de producción donde se va a colocar la aplicación web.

¿Qué implica? Implica tener acceso a un servidor que tenga un sistema operativo lo más cercano al que va a ser el servidor de producción. Por poner un ejemplo, si el servidor de producción es una distribución GNU/Linux cuya distribución es Debian con un servidor web Apache2 con soporte para PHP y tiene motor de base de datos MySQL o MariaDB, lo más conveniente sería disponer de un servidor (no olvidarse que se puede virtualizar) con esas características. ¿Por qué? Porque si funciona la aplicación en dicho servidor, habrá muchas garantías para que el traslado de la aplicación al servidor de producción tenga éxito.

Se deben realizar las pruebas lo más parecidas a las reales posibles. Es decir, si se habla de una tienda virtual se deberá trabajar con datos reales (familias de productos, artículos, precios, datos de acceso de clientes —de momento serán ficticios—, etcétera).

En la Figura 4.5 se muestra un *software* de virtualización, VirtualBox, ejecutando un sistema operativo, Debian, actuando como huésped. En dicho servidor virtual se podrá preparar toda una aplicación web y emular el funcionamiento como en un servidor real.

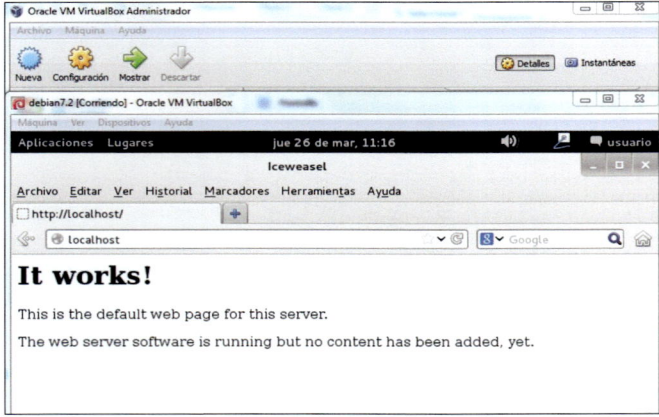

Figura. 4.5.

4.3.3. Entorno de producción

Una vez finalizada la fase de pruebas o preproducción, debe pasarse a producción controlada.

¿Qué significa? Significa que deben trasladarse todos los archivos y bases de datos del servidor de pruebas al de producción. En este proceso hay dos apartados: traslado de datos reales y eliminación de los datos ficticios.

Se realizará una serie de pruebas pero mínimas. Por ejemplo, efectuar una prueba de compra para ver si funciona adecuadamente.

Una buena idea es trabajar con un subdominio que enlace con la aplicación. Es pública, pero no publicitada. Por ejemplo, si la tienda es https://www.ejemplo.com, el subdominio de producción se puede habilitar https://www2.ejemplo.com como subdominio de pruebas pero en el servidor.

Una vez finalizadas estas pruebas de producción, debe activarse el dominio de trabajo. Es decir, todo el mundo puede ojear la web y realizar la compra.

4.4. Organización de recursos en una aplicación web

Una aplicación web tiene una característica que no tienen las aplicaciones de escritorio: utiliza lenguaje interpretado y no compilado. Es decir, todos los programas están visibles al usuario que tenga acceso al lugar donde esté ubicado, lenguaje fuente, mientras que los programas de escritorio están en código objeto, más cercano al entendimiento de la máquina.

Esto implica que debe prevalecer una exigencia de seguridad a la hora de organizar todos los archivos: programas, archivos HTML, archivos de hojas de estilo, archivos de JavaScript, imágenes, contenido multimedia, directorios o carpetas de manejo de archivos que se "suben" a través del protocolo HTTP, etcétera.

En la Figura 4.6 se observa cómo se distribuyen los archivos y directorios de una aplicación web en un entorno Linux. En la columna de la izquierda se observan los permisos aplicados a los archivos y/o carpetas que se encuentran en la columna de la derecha. Los permisos, en Linux, se distribuyen en propietario, grupo y al resto de usuarios. Se observan dos columnas, que identifican al propietario y al grupo. Como el resto lo constituyen los demás usuarios, precisamente, no se muestra.

```
drwxrwxr-x 10 wwwrun      www          4096 abr 19  2011
drwxr-xr-x  2 wwwrun      www          4096 abr 19  2011
drwxr-xr-x 12 wwwrun      www          4096 abr 19  2011
-rw-r--r--  1 wwwrun      www          2033 may 10  2011 configuration.php
-rw-r--r--  1 root        root           30 may 10  2011 .htaccess
-rw-r--r--  1 wwwrun      www          3189 abr  7  2011 htaccess.txt
drwxr-xr-x  4 wwwrun      www          4096 abr 19  2011
drwxr-xr-x  2 wwwrun      www          4096 abr 19  2011
-rw-r--r--  1 wwwrun      www          1389 feb 21  2011 index.php
drwxr-xr-x 10 wwwrun      www          4096 abr 19  2011
-rw-r--r--  1 wwwrun      www          1245 abr 19  2011 joomla.xml
drwxrwxr-x  5 wwwrun      www          4096 may 10  2011
drwxr-xr-x  6 wwwrun      www          4096 abr 19  2011
-rw-r--r--  1 wwwrun      www         17816 dic 12  2009 LICENSE.txt
drwxr-xr-x  2 wwwrun      www          4096 abr 19  2011
drwxr-xr-x  8 wwwrun      www          4096 abr 19  2011
drwxr-xr-x 25 wwwrun      www          4096 abr 19  2011
drwxr-xr-x 10 wwwrun      www          4096 abr 19  2011
```

Figura. 4.6.

4.4.1. Programas

Habitualmente, los programas más relevantes se encuentran en la raíz del sitio web. ¿Cuáles son? Todos los sitios web tienen, básicamente, un programa o página de inicio por defecto. Por ejemplo, en Apache es habitual que se llame: index.html, index.htm, index.php. Y en Internet Information Server (Microsoft) suele ser: default.htm o default.asp.

A partir de aquí, la organización de la aplicación en su conjunto dependerá de su diseño. Sin embargo, es muy habitual que los programas se dividan en directorios o carpetas dependiendo de su cometido común. Por ejemplo, habrá una carpeta "admin" para indicar que todos los programas que se encuentren en este directorio o carpeta están relacionados con la administración del sitio web. Otro ejemplo, la carpeta "user" estaría relacionada con tareas propias de los usuarios.

4.4.2. Hojas de estilos

En el caso de las hojas de estilo es igual que en ocasoines anteriores, se alinean en un directorio o carpeta todos los archivos de configuración de las hojas de estilo. No obstante, suelen estar "encerrados" en directorios que tienen algo en común. Tomando como ejemplo Moodle, este puede contener temas (bajo el directorio "theme") y dentro del tema tiene una carpeta, "style", donde se ubican todos los archivos CSS de ese tema.

También pueden encontrarse, siguiendo el ejemplo de Moodle, como parte de las librerías. Y se encontrarían más ejemplos. En cualquier caso, será el equipo de producción el que determine la estructura de los sistemas de archivos.

4.4.3. Ficheros de configuración

También, en la raíz, se puede encontrar algún archivo de configuración del sistema. Por ejemplo, ".htaccess" que controlará a nivel de sistema, no de la aplicación, quién puede acceder y quién no mediante unas reglas, cuya sintaxis viene condicionada por el servicio web Apache o, en su caso, el servidor web que esté instalado y que tenga esta funcionalidad. Normalmente se coloca como medida de seguridad de la propia aplicación.

También hay otros archivos de configuración que condicionan el propio funcionamiento de la aplicación. Por ejemplo, es importante que exista, en algún lugar, un archivo con las credenciales de acceso a la base de datos. No confundirse con los accesos de los usuarios a la propia aplicación. Hay que recordar que un motor de base de datos puede contener más de una base de datos que darán servicio a más de una aplicación. La aplicación web será una de ellas. Bien, la aplicación web tendrá sus propias credenciales de acceso a una base de datos, por lo que necesitará saber qué base de datos va a manipular, en qué servidor y con qué usuario y clave.

Siguiendo con el ejemplo de Moodle. Tiene un archivo, "config.php" donde, entre otras opciones, tiene las credenciales de acceso a su base de datos. Y un ejemplo del contenido sería:

```php
<?php // Moodle configuration file
unset($CFG);
global $CFG;
$CFG                = new stdClass();
$CFG->dbtype        = 'mysqli';
$CFG->dblibrary     = 'native';
$CFG->dbhost        = 'localhost';
$CFG->dbname        = 'moodle';
$CFG->dbuser        = 'moodle';
$CFG->dbpass        = 'moodle';
$CFG->prefix        = 'mdl_';
$CFG->dboptions     = array (
   'dbpersist' => 0,
   'dbsocket' => 0,
);
$CFG->loginhttps=false;
$CFG->wwwroot = 'http://moodle.ejemplo.com';
$CFG->dataroot = '/var/moodledata';
$CFG->admin                        = 'admin';

$CFG->directorypermissions = 0777;

$CFG->passwordsaltmain = 'Pbc#Z}-35d^Vm2y.N9}*:?fKTv{T/qFU'; require_once(dirname(_FILE_) . '/lib/setup.php');

// There is no php closing tag in this file,
// it is intentional because it prevents trailing whitespace problems!
?>
```

4.4.4. Imágenes

Siguiendo con la distribución de la aplicación es habitual, también, que exista un directorio o carpeta en la raíz del sistema del sitio web donde se guardarían todas las imágenes del sitio web. Habitualmente se le llama "imágenes" o "images".

No siempre es así, si la aplicación tiene la posibilidad de ofrecer distintas plantillas, como ocurre con muchas aplicaciones ya construidas, estas imágenes se encontrarán, también, dentro del directorio "theme" y cada tema tendrá su propia organización. Se puede ver este ejemplo en la aplicación Moodle.

4.4.5. Documentos

Habría que distinguir entre los documentos "fijos" y los documentos que están actualizados a través de la propia aplicación.

Los documentos fijos son aquellos que son parte integrante de la aplicación. Por ejemplo, documentación sobre el uso de la propia aplicación. Documentación accesible vía web, pero solo actualizable por el administrador mediante un sistema de acceso ajeno a la propia aplicación web, como puede ser el servicio FTP.

También están los documentos que se actualizan a través de la web. Este tipo de documentos necesitan un tratamiento especial. ¿Por qué? Por seguridad, se ha de habilitar un directorio o carpeta fuera del ámbito de la propia aplicación, porque dicho directorio debe tener unas propiedades que ningún otro directorio no puede tener. El sistema operativo debe permitir al servidor web actualizar el contenido de dicha carpeta. Para entenderlo mejor, se pondrá un ejemplo en GNU/Linux.

La aplicación Moodle tiene un directorio de datos, "moodledata", fuera del sitio del propio Moodle. Directorio o carpeta que, en la instalación, se indicará. Hay varias maneras de hacerlo, pero, en opinión del autor, la más adecuada es asignar la propiedad al usuario *root* y el grupo a www-data (el servidor web Apache tiene asignado un usuario del sistema operativo, www-data, y tiene un grupo www-data). Además, otorgar el máximo de privilegios al usuario y al grupo.

En la Figura 4.7 se muestra el detalle de un directorio, "moodledata", que la aplicación web Moodle utiliza para guardar archivos que están fuera del acceso web.

```
drwx------  2 root  root           16384 oct  3  2012 lost+found
drwxrwxr-x  7 root  www-data        4096 nov 10 12:46 moodledata
-rw-r--r--  1 root  root      1090534506 dic 19  2012 moodledata.tgz
```

Figura. 4.7.

4.4.6. Bibliotecas de componentes (librerías)

Por definición, es un conjunto de implementaciones funcionales, codificadas en un lenguaje de programación, que ofrece una interfaz bien definida para la funcionalidad que se invoca.

Dicho de una forma más llana, las librerías son fragmentos de programa que tienen una funcionalidad específica y que se integran en el programa llamador llegando a forma parte integral de él en su ejecución.

Estos fragmentos suelen ser funciones que se repiten en muchos programas que, para no crear código redundante o repetitivo, se separa del programa para su reutilización por otros programas.

Por ejemplo, en PHP hay varias instrucciones que pueden realizar esa llamada a la librería: include, require_once, require, etcétera.

Las bibliotecas de componentes o librerías están agrupadas en un directorio o carpeta.

4.4.7. Otros archivos

Aparte de los ya mencionados, la aplicación web puede tener un directorio o carpeta donde puedan guardarse los archivos temporales. Archivos que pueden ser generados por la propia aplicación, por el usuario autenticado o por múltiples causas.

Tampoco se debe olvidar que, igual que se habló de los archivos de imágenes, hoy en día la aplicación puede trabajar con archivos multimedia: vídeo, audio, diapositivas.

Este tipo de archivos deben tener un tratamiento en la jerarquía y organización de la propia aplicación.

4.5. Seguridad en una aplicación web

Toda acción tiene una reacción. Internet ha tenido y tiene un crecimiento exponencial donde la privacidad de la información tanto personal como profesional se ve afectada. Hay redes sociales donde se comparte información privada, como fotos, documentos, etc.; tiendas *online* donde están almacenados datos personales y bancarios. En resumidas cuentas, información sensible al alcance de cualquier desaprensivo si no se guarda dicha información con siete llaves.

¿Cuál es el punto más crítico? Está claro que el punto más vulnerable, lo que desean los ladrones de datos, son las bases de datos donde se guarda el grueso de los datos personales, empresariales e institucionales. El ataque puede ser producido bien a través de las propias aplicaciones web, o bien atacando directamente el motor de base de datos.

Sin embargo, los ataques, normalmente, no se producirán directamente contra la base de datos, sino que aprovecharán vulnerabilidades del servidor web o de la propia aplicación web. Ya se han mencionado ataques, como inyección SQL, XSS, entre otros. Los ataques pueden ser realizados contra los sistemas operativos donde la responsabilidad de la aplicación es nula.

Con respecto a los servidores web, es habitual escuchar fallos en los sistemas de protección de los servidores más frecuentemente utilizados (Apache, Tomcat, IIS, etc.), o en los lenguajes de programación con los que se escriben las aplicaciones web que son ejecutadas en estos servidores. Pero la realidad es otra, la mayoría de los problemas detectados en servicios web no son provocados por fallos intrínsecos en estos servidores, en realidad una gran cantidad de los problemas que se generan es por malos usos por parte de los programadores. Es decir, debe existir un compromiso por parte de los desarrolladores de proteger todos sus programas.

Una vez que se entiende que la gran mayoría de los problemas de seguridad en los sitios web se producen a nivel de aplicación y son producto de una concepción defectuosa del código que se ha generado a la hora de desarrollar el programa, debe entenderse que programar aplicaciones web seguras no es una tarea fácil. Esto es porque requiere por parte del programador mostrar atención en cumplir con el objetivo funcional de la aplicación y valorar los riesgos que puede correr la información que manipula.

Y a la hora de realizar la seguridad en el sitio web deben seguirse dos conceptos básicos: habrá una política de seguridad y habrá un mecanismo de seguridad.

Las políticas de seguridad definen qué hay que hacer. Por ejemplo, qué recursos y datos deben protegerse y de quién.

Los mecanismos de seguridad determinarán cómo hacerlo posible.

4.5.1. Niveles de seguridad. Estándares

Método	Descripción
MAC (*Mandatory Access Control*)	Se refiere a un tipo de control de acceso por el cual el sistema operativo limita la capacidad de cualquier sujeto o iniciador para acceder o, en general, realizar cualquier tipo de operación en un objeto u objetivo. En la práctica, un sujeto es generalmente un proceso o hilo; los objetos son construcciones, tales como archivos, directorios, puertos TCP/UDP, segmentos de memoria compartida, dispositivos IO, etcétera. En un sistema de gestión de bases de datos, en su mecanismo de control de acceso, también se puede aplicar el control de acceso obligatorio; en este caso, los objetos son tablas, vistas, procedimientos, etcétera. Este sistema fuerza el cumplimiento de las políticas por encima de las decisiones de sujetos.
DAC (*Discretionary Access Control*)	Es un tipo de control de acceso definida como una forma de restringir el acceso a objetos en función de la identidad de los sujetos y/o grupos a los que pertenecen. Los controles son discrecionales en el sentido de que un sujeto con un permiso de acceso seguro es capaz de pasar ese permiso (quizás indirectamente) a cualquier otro sujeto (a menos restringido por el control de acceso obligatorio – MAC). La mayoría de los sistemas utilizan este tipo de control de acceso. Organizados los permisos en usuarios y/o grupos.

RBAC (*Role-Based Access Control*)	El enfoque se basa en restringir el acceso al sistema a usuarios autorizados basándose en roles.
	
	Los roles siguen una política de acceso al sistema. Cada usuario tendrá asimilado un rol por el cual le asignará las autorizaciones y restricciones al sistema.
	
	Podría definirse como un estándar intermedio o neutral con respecto a la política, permitiendo modelar otros sistemas como el modelo MAC y el modelo DAC.
	
	Estándar ANSI INCITS 359-2004.
	
	Dos grandes modelos:
	
	• El modelo de referencia RBAC: que describe sus elementos y sus relaciones.
	   — Núcleo de RBAC: que recoge los elementos mínimos, roles, usuarios, permisos y sesiones.
	   — RBAC jerárquico: el encargado de añadir las relaciones para soportar la jerarquía de errores.
	   — RBAC con restricciones: ofrece un mecanismo que da soporte al principio de separación de privilegio que puede ser dinámica o estática.
	• Especificaciones funcionales administrativas y de sistema RBAC: que define las características requeridas para un sistema RBAC.

4.5.2. Conceptos y técnicas de identificación, autenticación y autorización o control de acceso

Empezaremos por: ¿qué se entiende por control de acceso? El control de acceso podrá considerarse como un muro con una puerta con cerradura, y solo aquellos usuarios que tienen llave podrán acceder al otro lado del muro.

El control de acceso implica quién tiene acceso a los recursos de la aplicación web y a sus datos en un momento dado.

Estos constan de tres pasos: identificación, autenticación y autorización.

Los objetivos del control de acceso son:

- Impedir el acceso no autorizado a los servicios de la aplicación web, bases de datos y servicios de información.

- Implementar seguridad en los accesos de usuarios por medio de técnicas de autenticación y autorización.

- Controlar la seguridad en la conexión entre la red del servidor y otras redes públicas o privadas si las hubiera.

- Registrar y revisar eventos y actividades críticas llevadas a cabo por los usuarios en los sistemas mediante la revisión de los archivos de mensajes del sistema base (sistema operativo) y/o los propios de la aplicación web.

- Concienciar a los usuarios respecto de su responsabilidad frente a la utilización de las credenciales de acceso y de la información que dispone la base de datos y/o la aplicación web.

Diseño de los pasos para realizar un control de acceso:

- Identificación: hace referencia a los medios por los cuales un usuario se identifica en el sistema. Como, por ejemplo: nombre de usuario y tarjetas de identificación. Este paso se realiza generalmente al iniciar sesión.

- Autenticación: el segundo paso del proceso de control de acceso. ¿Cómo se controla? Por ejemplo, mediante contraseñas, reconocimiento de voz, certificados digitales personales, 2FA, etc. Estos son métodos comunes de autenticación. El objetivo de la autenticación es verificar la identidad del usuario que intenta acceder al sistema.

- Autorización: esto se produce después de que un usuario del sistema se autentica y luego es autorizado a utilizar el sistema. El usuario está, generalmente, solo autorizado a usar una parte parcial de los recursos del sistema en función de su papel dentro de la aplicación. Por ejemplo, administrador de la aplicación, operador de contenidos, cliente de la tienda (si la aplicación es una tienda *online*), etcétera.

4.5.3. Identificación y autenticación avanzada. Certificados digitales

Existen varios métodos de autenticación avanzada como son los reconocimientos biométricos. Pero estos sistemas son actualmente caros. Sin embargo, hoy en día se dispone de DNI electrónicos que contienen, en su chip, un certificado digital.

La Figura 4.8 se muestra como ejemplo de que algunas páginas web, que requieren autenticación, indican que se puede utilizar el DNI electrónico para autenticarse.

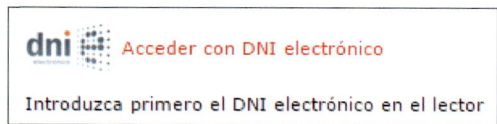

Figura. 4.9.

¿Cómo puede utilizarse el DNI electrónico para autenticarse? Para utilizar el certificado digital que contiene el DNI electrónico se necesita un lector de tarjetas inteligentes que cumpla el estándar ISO 7816. Existen distintas implementaciones, bien integrados en el teclado, bien externos (conectados vía USB), o bien a través de una interfaz PCMCIA el uso de un lector. Este lector podrá leer el certificado que contiene y podrá transmitirlo por Internet al servidor para que compruebe la autenticidad del certificado. Hay dos tipos de verificaciones: vigencia del certificado y comprobación de este.

También se podrá utilizar un reloj inteligente o *smartwatch* para realizar las operaciones anteriores. Se comunica con el DNI mediante una tecnología NFC.

Además del dispositivo *hardware* es necesario realizar algunas instalaciones de certificados y modificar algunas configuraciones de los navegadores. Este proceso puede hacerse basándose en la información de la web oficial del DNI electrónico o DNIe (https://www.dnielectronico.es/), o recurriendo a algunas herramientas que permiten efectuar esa instalación y configuración de forma automática. Una de ellas, https://zonatic.usatudni.es, permite descargar paquetes autoinstaladores tanto para las diferentes versiones de Windows como para Ubuntu.

Una página recomendable es https://firmaelectronica.gob.es, útil para obtener información, aplicaciones, etc., todo ello relacionado con la firma electrónica.

Si se quiere utilizar este sistema en la aplicación web, debe construirse la funcionalidad para realizar este tipo de comprobaciones.

Hay que tener varias consideraciones:

- Las comprobaciones que se realizan sobre los certificados de usuarios presentan una laguna importante. La validez indica que un certificado de DNIe no ha sido manipulado y que ha sido emitido por la policía, pero no se puede saber si está siendo usado de modo indebido por el titular o por una tercera persona.

- En el caso de pérdida o sustracción del DNIe de un usuario, o simulación de su extravío (para el caso es lo mismo). En el momento de formular la denuncia, la autoridad gubernativa procede a revocar el certificado digital incorporándolo a la base de datos pública de documentos revocados. Se entiende que a partir de ese momento el usuario no es responsable del uso que pueda hacerse del mismo.

- Para consultar la base de datos que contiene la validez del certificado, existe un protocolo, OCSP (*Online Certificate Status Protocol*), mediante el cual se puede conocer la vigencia actual de un certificado. Estos servicios de validación del DNIe, según informan en su web, son prestados de forma ininterrumpida todos los días del año por la "Fábrica Nacional de Moneda y Timbre — Real Casa de la Moneda, que prestará sus servicios de validación con carácter universal: ciudadanos, empresas...".

- No ocurre lo mismo con los certificados FNMT, ya que en ese caso el acceso al "OCSP Responder" no tiene carácter gratuito.

- La web de "Responder" es https://www.cert.fnmt.es/welcome-ocsp.html.

Como ejemplo del uso, desde el servidor de los certificados digitales que viajan a través de la red, podemos citar el siguiente: PHP tiene la posibilidad de extraer la información a través de la siguiente variable $_SERVER['SSL_SERVER_CERT'] contendrá una cadena con el certificado del servidor en formato PEM mientras que $_SERVER['SSL_CLIENT_CERT'] tendrá idéntica información pero referente al certificado del cliente.

4.5.4. Concepto de sesión. Conservación de sesiones

Una sesión es un mecanismo de programación de las tecnologías web. Esto permite conservar información sobre un usuario que mantiene viva durante el proceso de interactuación con el sitio web. A diferencia de una *cookie*, los datos asociados a una sesión se almacenan en el servidor y nunca en el cliente. Normalmente, la sesión tiene una durabilidad máxima o hasta que el usuario da por finalizada la sesión mediante la interactuación con el sitio web.

En la mayoría de las tecnologías *scripting* del lado del servidor, las sesiones se implementan a través de una *cookie* que almacena un valor identificativo de la sesión abierta en el servidor web para mantener la identificación del usuario en todo momento sin dejar rastro en el ordenador cliente. En el servidor web están almacenados todos los datos de la sesión y se accede a ellos cada vez que se interactúa con el sitio web mediante el identificador almacenado en la *cookie*.

Una alternativa a la creación de la *cookie* es la propagación del identificador de la sesión entre páginas del sitio web. Esto se construye utilizando el método POST o el método GET en las llamadas entre páginas.

Incluso utilizando la tecnología AJAX en JavaScript se puede interactuar con el servidor utilizando las sesiones.

Como medida de seguridad añadida, se puede utilizar HSTS (HTTP *Strict Transport Security*), que consiste en utilizar una política de seguridad web establecida con el fin de evitar ataques dirigidos a interceptar comunicaciones.

4.5.5. Sistemas de uso común para la conservación de las sesiones en aplicaciones web. Single Sign-On y Single Sign-Out

Un sistema *Single Sign-On* (SSO) permite que las aplicaciones que hagan uso de él podrán hacer que los usuarios que se autentiquen en una aplicación web no necesitarán autenticarse en el resto de las aplicaciones con las que están interconectadas.

Por ejemplo, están desarrolladas dos tiendas virtuales que comparten el mismo sistema de autenticación de usuarios. Si un usuario se autentica en una de ellas podrá acceder a la otra tienda sin tener que autenticarse otra vez. ¿Por qué? Porque están integradas las dos aplicaciones.

Un sistema *Single Sign-On* (SSO) tiene una doble utilidad:

Por un lado, para los usuarios supone la comodidad de identificarse una sola vez y mantener la sesión válida para el resto de las aplicaciones que hacen uso del sistema SSO. Permite, además, la identificación del usuario utilizando varios métodos de autenticación: UVUS (usuario y contraseña), Certificado de la Fábrica Nacional de Moneda y Timbre (FNMT) y DNIe.

Para los desarrolladores y administradores de aplicaciones es una manera de simplificar enormemente la lógica de sus aplicaciones al poder delegar completamente la tarea de autenticar a los usuarios en un sistema independiente de las mismas. Por ejemplo, un sistema de autenticación como LDAP (*Lightweight Directory Access Protocol* o, en español, 'Protocolo Ligero/Simplificado de Acceso a Directorios').

Al integrar una aplicación en el sistema SSO, el desarrollador no tendrá que preocuparse de conocer el protocolo LDAP ni de configurar su servidor web para aceptar los certificados de la FNMT o añadir soporte para DNIe a su aplicación. El SSO se encarga de todo esto.

Uno de los cinco tipos principales de SSO es *Web Single Sign-On* (Web-SSO), también llamado *Web Access Management* (Web-AM), trabaja solo con aplicaciones y recursos accedidos vía web. Los accesos son interceptados con la ayuda de un servidor *proxy* o de un componente instalado en el servidor web destino. Los usuarios no autenticados que tratan de acceder son redirigidos a un servidor de autenticación y regresan solo después de haber logrado un acceso exitoso. Se utilizan *cookies* para reconocer aquellos usuarios que acceden y su estado de autenticación.

En el caso del sistema **Single Sign-Out** (CAS) es un protocolo de inicio de sesión para la web. Su propósito es permitir a un usuario acceder a múltiples aplicaciones en el momento que proporciona sus credenciales de acceso solo una vez. También permite que las aplicaciones web puedan autenticar a los usuarios sin tener que acceder a las credenciales de seguridad de un usuario, como una contraseña. El nombre CAS también se refiere a un paquete de *software* que implementa este protocolo.

4.6. Despliegue de aplicaciones web

Para el despliegue de una aplicación web debe tenerse en cuenta el factor servidor. Será quién condicione el normal funcionamiento de la aplicación web. En el proceso de desarrollo se ha buscado que las pruebas de funcionamiento se hagan en unas condiciones similares al servidor destino de su instalación.

En el factor servidor se necesitará de un dominio de acceso tanto si la aplicación está destinada para un público de Internet o para una Intranet o Extranet. El dominio cualificado puede ser un dominio o subdominio de otro.

4.6.1. Características del proceso de despliegue

Si el servidor funciona como *hosting,* se deberá configurar un *host* virtual (en Apache existe la directiva VirtualHost) con las directivas que sean adecuadas.

Ejemplo del uso de VirtualHost:

```
<VirtualHost *>
Options Includes SymLinksIfOwnerMatch ExecCgi
ServerAdmin administrador@ejemplo.com
Servername www.ejemplo.com
ServerAlias ejemplo.com

ErrorLog /clientes/ejemplo/error.log
CustomLog /clientes/ejemplo/acceso.log combined
DirectoryIndex index.html index.htm index.php

DocumentRoot /clientes/ejemplo/public_html
<Directory "/clientes/ejemplo/public_html">
    Options FollowSymLinks
    AllowOverride None
    Order allow,deny
    Allow from all
</Directory>
ScriptAlias /cgi-bin/ /clientes/cgi-bin/
<Directory "/clientes/cgi-bin/"> AllowOverride None
Options +ExecCGI -Includes Order allow,deny
Allow from all
</Directory>
</virtualhost>
```

Si se desea un servidor con protocolo HTTPS, se deberá disponer de un certificado digital y habilitar, en el servidor web, la escucha del puerto 443 y configurar adecuadamente el *host* virtual.

Por otro lado, habrá que configurar una entrada a este dominio en el servidor DNS. Si el dominio es nuevo, se deberá crear un registro para dicho dominio. Si se tratara de un subdominio, habrá que crear una entrada en el dominio. Posteriormente, se actualizará el servidor DNS para generar la propagación de los cambios realizados.

Ahora solo falta acceder al servidor para "subir" los archivos necesarios de la aplicación. Se necesitará un usuario con entrada en el directorio o carpeta principal del sitio web. Se podrá realizar mediante el protocolo FTP.

Si se necesitara una base de datos, hará falta crear la base de datos y el usuario que manipulará las tablas. Con esas credenciales y mediante una interfaz se podrá acceder a dicha base de datos. Interfaz que puede ser, para MySQL, una aplicación web, phpMyAdmin, o una aplicación de escritorio, Workbench.

Con todo lo descrito anteriormente, se tendrá listo el servidor de producción de la aplicación desarrollada.

Una vez resuelta la configuración del servidor, se volcarán todos los archivos con su configuración definitiva respetando la organización de los directorios. Además, en la configuración, se tendrán en cuenta las configuraciones de seguridad.

Es interesante comprimir toda la aplicación web. Siempre y cuando se tenga un acceso a través de un terminal tipo Telnet (inseguro) o, más seguro, SSH. Esto permitiría subir la aplicación en un solo archivo. Una vez subido, se deberá a proceder a la descomprensión del archivo, y tener toda la aplicación de forma inmediata y segura en el servidor y en el sitio web determinado.

4.6.2. Definición del proceso de despliegue de aplicaciones web. Verificación

Si se sube la aplicación utilizando un cliente FTP (más seguro será SFTP o FTPS —no son lo mismo—), podrá obtener la sorpresa de que algún archivo o bien no se copiado entero, o bien no se ha copiado. Y, además, otra sorpresa que puede ocurrir es que ha quedado bloqueado con las propiedades que ha generado el sistema operativo.

Si la aplicación tiene una página y/o proceso de instalación, es habitual que guíe en el proceso de instalación. Pero es posible que, en el proceso de instalación, necesite dejar en algún archivo datos del resultado de la configuración. El caso más habitual es el de las credenciales de acceso a la base de datos. Se deberá indicar el servidor donde está ubicado, qué base de datos se utilizará y qué usuario, con su clave, tiene autorización para modificar o generar informes sobre dicha base de datos.

También deben configurarse adecuadamente los archivos de configuración de seguridad (por ejemplo, .htaccess).

Una vez configurada la aplicación web, se deberá realizar una evaluación de la situación.

Primero se debe confirmar que, a través del dominio elegido para la aplicación, se puede acceder a dicha aplicación web.

Una vez comprobado que la dirección web se resuelve sin dificultad, se procederá a probar y comprobar la aplicación. Para ello, se deberá disponer de una batería de pruebas de funcionamiento, pero para un servidor en producción. En este caso, se deberá disponer de una serie de pruebas que sean fácilmente identificables y, una vez superadas, puedan ser eliminadas de la base de datos. ¿Por qué? Porque no debe interferir en el normal funcionamiento de la aplicación cambiando la desviación de las estadísticas en un sentido u otro.

ACTIVIDADES

4.1. ¿Qué distingue a toda aplicación tanto de "escritorio" cómo las de tipo web?

a. El desarrollo de la aplicación.

b. El proceso de instalación.

c. El pago por licencias.

d. El desarrollo de la aplicación y su posterior despliegue.

4.2. ¿En qué consiste el modelo vista-controlador (MVC)?

a. En separar los datos y la aplicación de la interfaz del usuario.

b. En separar los datos de la aplicación y crear una interfaz entre ellos.

c. En separar la interfaz de la aplicación de la interfaz del usuario final.

d. En modelar los datos con vistas a la aplicación y la interfaz del usuario.

4.3. Un desarrollador tiene que modificar inmediatamente un programa de una aplicación. ¿Qué método es el más rápido para modificar el programa?

a. Descargar el programa, editarlo y volverlo a subir al servidor.

b. Crear uno nuevo y subirlo al servidor.

c. Utilizar una terminal Telnet y modificarlo directamente en el servidor.

d. Utilizar una terminal SSH y modificarlo directamente en el servidor.

4.4. Un negocio tiene una tienda virtual en internet y otra física (que utiliza una aplicación de escritorio en su gestión). Todos los artículos están inventariados. ¿Podría coordinar, en tiempo real, el *stock* teniendo en cuenta ambas tiendas?

a. Sí, si sincronizan las bases de datos.

b. Sí, si actualiza simultáneamente con la BBDD de internet.

c. No, porque utiliza distintas plataformas.

d. No, tiene que actualizarse manualmente.

4.5. ¿Qué tipo de terminal es más seguro?

a. Telnet

b. VLC.

c. Navegador web.

d. SSH.

4.6. Se desea descargar o enviar un archivo a un servidor. ¿Qué método de transferencia es más seguro?

a. Telnet.

b. Web.

c. SFTP.

d. FTP.

4.7. ¿Cuál, de los siguientes componentes, NO lo es del MVC (modelo vista controlador)?

a. Modelo.

b. Vista.

c. Revisión.

d. Controlador.

4.8. ¿Dónde suele ubicarse los programas de un sitio web?

a. En la ruta /var/www.

b. En la raíz del sitio web.

c. En la ruta /var/cgi.

d. En el área de trabajo del administrador del sitio.

4.9. Si los programas y/o páginas tienen hojas de estilo, CSS, ¿dónde se ubican los archivos css?

a. Habitualmente en una carpeta o directorio específico.

b. Se crea un enlace simbólico a otra ubicación.

c. Se colocan en la misma ruta que los programas y páginas del sitio web.

d. No contienen archivos las hojas de estilo.

4.10. Si se desea fortalecer el acceso, el servidor web Apache dispone de:

a. Acceso condicionado mediante llamada *scripting* (PHP).

b. Modificando el archivo que contenga el sitio virtualizado.

c. Creando señuelos.

d. Gestión de acceso y control mediante el archivo ".htaccess" y, si es necesaria contraseña, ".htpasswd".

4.11. ¿Es aconsejable disponer, por ejemplo, en PHP, de un archivo de configuración de la aplicación web?

a. Sí, permite modificaciones sencillas como los datos de acceso a la base de datos.

b. Sí, permite modificaciones de control de acceso al entorno seguro.

c. Sí, pero debe estar el código ofuscado.

d. No, no es aconsejable porque puede ser modificado por cualquier usuario.

4.12. **¿Podría disponer los programas de *scripting*, como PHP, de librerías?**

a. Sí, pero deben ser revisados para adaptarlos.

b. Sí, se pueden reutilizar módulos ya probados, documentados y comprobados para nuevas aplicaciones.

c. No, al ser un lenguaje de *scripting* la programación es lineal.

d. No, en ningún caso.

4.13. **¿Qué nivel de seguridad, de los siguientes, no se aplica a la programación?**

a. MAC.

b. DAC.

c. RBAC.

d. LIFO.

4.14. **¿A qué se denomina control de acceso?**

a. Un "muro" que se sortea mediante una "llave" que está en posesión cualquiera de los usuarios autorizados.

b. Un reto que se debe resolver para acceder a otros servicios de la aplicación.

c. Introducir una licencia para obtener información de los servicios de la aplicación web.

d. El uso del móvil para identificar al usuario autorizado.

4.15. **El orden de los pasos para permitir a un usuario franquear el control de acceso son:**

a. Autorización, identificación y autenticación.

b. Autorización, autenticación e identificación.

c. Identificación, autenticación y autorización.

d. Identificación, autorización y autenticación.

4.16. **¿Se podría utilizar un certificado personal para acceder a servicios que requieren autenticación?**

a. No, porque es más inseguro que un sistema de usuario con contraseña.

b. No, porque se desconoce el usuario que lo utiliza.

c. Sí, pero la aplicación debe tener autorización de la autoridad que emite el certificado.

d. Sí, pero requiere de una autoridad que valide el certificado.

4.17. ¿Existe algún protocolo que permita la validación de un certificado?

a. OCSP.

b. El que proporciona la propia autoridad certificadora.

c. No, es la pasarela del organismo que emite el certificado quien informa del usuario propietario del mismo.

d. No, en cualquier caso.

4.18. El método más seguro de seguir una sesión en zona protegida es mediante…

a. *Cookie.*

b. Sesión en el servidor.

c. Identificación guardada en el equipo cliente.

d. Ninguna es segura.

4.19. La afirmación: el sistema *Single Sign-On* permite que los usuarios que se autentican lo hacen en todo el sitio web que lo necesite. ¿Es cierto?

a. Verdadero.

b. Falso.

4.20. Para desplegar una aplicación es necesario…

a. Disponer de servidor web que dé servicio en la red.

b. Disponer de un *hosting.*

c. Disponer de un servidor conectado a internet.

d. Disponer de un equipo local.

ACTIVIDAD PRÁCTICA

La práctica consiste en instalar una aplicación en un servidor, comprobar que funciona. Acto seguido, trasladamos la aplicación a otro servidor y comprobamos que funciona.

5. Verificación de aplicaciones web

Introducción

Se han tratado varias fases del proceso de una aplicación web. Este tema va a versar sobre la fase de verificación.

Esta fase conlleva una planificación donde se deben definir el propósito, los métodos, las frecuencias y las responsabilidades de la fase de verificación.

Realizando la verificación de la aplicación web se debe confirmar el correcto funcionamiento de ciertos elementos:

a) Los PPR (preparación de pruebas) están implementados.

b) La entrada de los análisis se actualiza continuamente.

c) Los PPR operacionales y los elementos dentro del plan APPCC (análisis de peligros y puntos críticos de control) se han implementado y son eficaces.

d) Los niveles de peligros están dentro de los niveles aceptables identificados.

e) Otros procedimientos exigidos por la organización (empresa o institución) se han implementado y son eficaces.

Los resultados de esta planificación deben estar en un formato adecuado para que sea legible y sea utilizado convenientemente. Esa utilización debe generar registros para el posterior análisis de estas actividades de verificación.

Contenido

5.1. Características de un proceso de pruebas

¿Quién debe participar en las pruebas de la aplicación? En el diseño de las pruebas de verificación no solo debe estar la parte productora de la aplicación, sino también la parte "cliente" del producto. Es decir, gerentes, usuarios con distinto perfil sobre la aplicación, clientes o quien cumpla con ese rol.

Este tipo de participantes en el proceso de pruebas será el que extraiga más fehacientemente los errores de la aplicación web. No solo se trata de pruebas técnicas, sino también de pruebas "lógicas", en las que se verifica el grado de satisfacción del cliente o consumidor de la aplicación web.

El proceso de prueba generalmente implica que el personal elegido por parte del destinatario final del producto trabaje de manera conjunta con los desarrolladores para asegurar que los servicios de la aplicación web son los adecuados para los objetivos previamente establecidos. En cuanto a la duración de este periodo, es difícil de cuantificar debido a lo novedoso del producto. Supuestamente, los elementos estandarizados y ya probados necesitarán un tiempo relativamente corto para su aprobación, pero los más novedosos u originales pueden precisar periodos prolongados.

En particular, sobre todo cuando la tecnología va a ser utilizada en grandes volúmenes de datos o en situaciones que impliquen plazos cortos con gran cantidad de información a usuarios. Dada la naturaleza de presión que implicarían las pruebas de rendimiento con grandes volúmenes de datos, el proceso de prueba de la tecnología será crucial para el éxito del proceso.

Entre los pasos que puede comprender la estrategia para probar el nuevo producto, se pueden considerar los siguientes:

- Asignar la responsabilidad de las pruebas a un comité técnico apropiado.
- Recibir formalmente el sistema prototipo o la versión para producción.
- Instalar el sistema en un espacio para prueba.
- Realizar las pruebas programadas, tomando debida nota si los componentes reúnen o no las especificaciones establecidas.
- Integrar un panel de usuarios para probar el sistema en un ejercicio de simulación.
- De ser el caso, incluir usuarios externos en el proceso de prueba.
- Solicitar a los desarrolladores que corrijan cualquier problema identificado y lo presenten para una nueva prueba.

- Si la prueba inicial con carga ligera indica que el producto es adecuado, conducir pruebas con carga pesada simulando hasta donde sea posible la carga esperada bajo condiciones reales.
- Contar con auditores independientes que verifiquen la integridad de las fuentes de origen.
- Ofrecer a los comités técnico y de administración un reporte de las pruebas.
- Una vez que el sistema ha aprobado todas las pruebas y la administración del propietario final ha dado su visto bueno, proceder a la implantación.
- Si las pruebas solo han comprendido prototipos o cantidades limitadas del producto, la versión definitiva necesita ser probada otra vez antes de su instalación, especialmente cuando forma parte de una red o se encuentra geográficamente dispersa.
- Una vez que la versión definitiva ha sido entregada y ha aprobado las pruebas, puede iniciarse la fase final de la implantación.

5.2. Tipos de pruebas

Antes de proceder a indicar los tipos de pruebas que se pueden realizar, se deben afrontar distintas estrategias para llevarlas a cabo.

- Se debe revisar el modelo de contenido de la aplicación web en busca de errores.
- Revisar el modelo de la interfaz web asegurando que todos los casos de uso pueden verificarse como correctos.
- Revisar el modelo de diseño de la aplicación en busca de errores de navegación.
- También se prueba la interfaz de usuario por si hubiera errores en la presentación o, también, por si hubiera errores en los mecanismos de navegación.
- Los componentes funcionales se prueban individualmente.
- Se prueba la navegación a través de toda la arquitectura.
- La aplicación se implementa en diversas configuraciones para las que supuestamente está diseñada. Probando su compatibilidad con cada configuración.
- Realización de pruebas de seguridad.
- Probar la aplicación con población controlada y monitorizada (mediante los mensajes del sistema y aplicación).

Una vez definidas las estrategias y tácticas para afrontar el banco de pruebas, se deberá dividir dichas pruebas en función de las partes de la aplicación que se quieren probar.

5.2.1. Funcionales

El objetivo de la prueba funcional es validar cuando el comportamiento observado del *software*, en este caso aplicación web, cumple o no con las especificaciones indicadas. La prueba funcional debe tomar el punto de vista del usuario. Las funciones son probadas realizando entradas y examinando las salidas. La estructura interna del programa raramente es considerada.

Se hará desde otra visión. Las pruebas funcionales validan partes de las aplicaciones, en este caso, aplicaciones web. Estas pruebas deben simular la navegación del usuario, realizando peticiones y comprobando los elementos de la respuesta, tal y como lo haría manualmente cualquier usuario para validar que una determinada acción hace lo que se supone que tiene que hacer. En las pruebas funcionales, se ejecuta un escenario correspondiente a lo que se denomina un "caso de uso".

¿Cómo se podrían hacer? Las pruebas funcionales se podrían realizar mediante un navegador web, en forma de texto previamente definido, y una batería de situaciones definidas con expresiones más o menos regulares sencillas y complejas. Pero esto conllevaría una pérdida de tiempo muy grande.

Para evitar esta pérdida de tiempo, se utiliza *software* específico que pueda sustituir el trabajo monótono y tedioso de un usuario introduciendo y probando la aplicación en función del banco de pruebas. Se consigue, con el motor del *software*, que la rutina sea más eficiente y fiable.

Como ejemplos de *software* tenemos:

- Testopia (https://www-archive.mozilla.org/projects/testopia/index.html): es un administrador de casos de prueba, que maneja extensiones para interactuar con Bugzilla. Sin embargo, desde la web https://testopia.ai, se puede realizar de forma independiente.

- Squash TM (Test Management) (https://www.squashtest.com/en/download-squash): *software* libre de chequeo y pruebas de funcionalidad.

- Xqual Studio (https://www.xqual.com)/]: completo de chequeo de *software* que dispone de módulo para aplicaciones web.

- Radi-testdir (https://sourceforge.net/projects/radi-testdir/): sencillo *software* de chequeo de aplicaciones web.

- GenerateData (http://www.benjaminkeen.com/open-source- projects/generatedata-com/): generador de volúmenes de datos.

5.2.2. Estructurales

Se denominan pruebas estructurales (pruebas de **caja blanca**) a las pruebas que se centran en los detalles procedimentales del *software*, en este caso, aplicación web. Se basan en el código fuente de la aplicación. Al estar basadas en una implementación concreta, si esta se modifica, por regla general las pruebas también deberán rediseñarse.

Todas las aplicaciones realizarán modificaciones para solventar problemas producidos en la verificación de la aplicación o por adaptación de un requisito solicitado por el propietario de la aplicación, etc., entonces deben rediseñarse las pruebas por cambio en el código fuente de la aplicación para adaptarse a la nueva situación.

Estas pruebas se encargan de comprobar los flujos de ejecución divididas por unidades. También comprueba los flujos entre las unidades en su integración. Sin embargo, si hubiera partes incompletas de la especificación o de otros requisitos, podría pasarlas por alto.

Además, se realizan pruebas de penetración en la aplicación (como si fuera un *hacker*). El objetivo es simular el comportamiento de intrusos en el sistema con permisos de acceso e información precisa de este.

Las principales técnicas de diseño de pruebas de pruebas estructurales son:

- Pruebas de flujo de control.
- Pruebas de flujo de datos.
- Pruebas de bifurcación (*branch testing*).
- Pruebas de caminos básicos.

5.2.3. De integración con sistemas externos

Son aquellas que se realizan en el ámbito del desarrollo de *software* una vez que se han aprobado las pruebas unitarias. Se refieren a la prueba de todos los elementos que componen el proceso de una sola vez. Tanto los elementos internos como externos.

Consisten en realizar pruebas para verificar que un gran conjunto de partes de *software* funcionan juntas. Los módulos individuales de *software* son combinados y probados como un grupo.

La estrategia que se debe seguir en las pruebas de integración se establecerá en un plan de pruebas o banco de pruebas.

Los sistemas, a menudo, dependen de servicios de terceros (estos pueden ser internos de la organización, de los cuales no se tiene el control). Estos servicios incluyen aplicaciones de exposición o enlace hacia redes sociales, proveedores de autenticación (un ejemplo es la integración de un CAPTCHA en un formulario) o cualquier sistema con el que la aplicación se comunica, pero externa a la propia aplicación.

En las pruebas de integración, se podría tener un despliegue de integración de todos los subsistemas con la intención de probar cómo trabajan juntos. En caso de servicios externos, sin embargo, solo se puede trabajar con el despliegue real (cogiendo algunas credenciales de las aplicaciones). ¿Qué opciones hay disponibles para preparar las pruebas de integración como sería el caso si el sistema utilizado se integra correctamente con el sistema externo?

Si el servicio provee de entorno de prueba, ¿qué camino se tomará? Se dispone de un entorno objetivo donde se puede realizar cualquier cosa y tendrá una vida corta e invisible para cualquier usuario final. Sin embargo, puede ocurrir que el sistema externo no provea de entorno de pruebas.

Otra opción es tener una cuenta de pruebas para una integración. Por ejemplo, en X (antes Twitter) puede inscribirse en una aplicación llamada "yourproduct-test", que es una cuenta de pruebas y proporciona estas credenciales para realizar las pruebas de integración. Estará bien si no tiene escenarios complejos envolviéndolos en interacciones multipaso y con muchos condicionantes. Por ejemplo, si la aplicación objeto de pruebas analiza tweets sobre un periodo de tiempo, no se pueden realizar *posts* con la cuenta de pruebas de X (antes Twitter) pasada.

La tercera opción es utilizar **mocks**. Normalmente, los *mocks* y las pruebas de integración se excluyen mutuamente, pero no en este caso. No se requiere hacer pruebas si cumple el servicio externo con sus especificaciones; se requerirá realizar pruebas si la aplicación lo invoca por un medio y proceso apropiado. Por lo tanto, sería correcto ejecutar un *mock* de un sistema externo que devolvería resultados predefinidos según criterio indicado. Estos resultados y criterio podrían corresponder directamente a las especificaciones definidas.

Esto es fácil de conseguir mediante un servidor *mock*. Hay muchas herramientas que pueden ser usadas para esto. Como por ejemplo: WireMock (https://wiremock.org/), MockServer (https://mock-server.com/), MockWebServer (https://github.com/square/okhttp/tree/master/mockwebserver) y otras.

5.2.4. Usabilidad y accesibilidad

El test de usabilidad es una técnica empleada en el diseño de interacciones web que se centra en el usuario y con el que se evalúa un producto web mediante pruebas con los propios usuarios o con *software* que simula esa interactuación. Si se utiliza *software* específico para realizar las pruebas de simulación, estas se deben aplicar métodos de inspección de usabilidad, con los que los expertos evaluarán una interfaz de usuario sin involucrar a usuarios reales.

Las pruebas de usabilidad se enfocarán en medir la capacidad de un producto web para cumplir el propósito para el cual fue diseñado.

Para realizar estas pruebas no es necesario que se trate de una aplicación web completamente terminada, podría tratarse de un prototipo web con toda la funcionalidad operativa visual terminada.

Herramientas de usabilidad:

- **Five Second Test** (https://fivesecondtest.com/): aparte de realizar test de usabilidad de un sitio web, aporta pruebas como test de memoria y test del clic.

  Las pruebas de accesibilidad web son un subgrupo de las pruebas de usabilidad en las que los usuarios afectados tienen discapacidades que afectan a su manera de utilizar la propia aplicación web. El objetivo final, tanto con respecto a la usabilidad como a la accesibilidad, es descubrir la facilidad con la que se puede utilizar un sitio web y utilizar esta información para mejorar o adaptar la propia aplicación web.

  La evaluación de la accesibilidad está más formalizada y documentada, en general, que las pruebas de usabilidad. Las leyes y organizaciones implicadas en la integración de estas personas en la sociedad desaprueban totalmente la discriminación de las personas con discapacidades. Para cumplir con ciertos requisitos de accesibilidad, existen varios estándares de accesibilidad de la web como, por ejemplo, directrices de accesibilidad del contenido web (WCAG) del W3C.

- **Mopinion** (https://mopinion.com): los usuarios de este producto pueden dirigirse a grupos específicos de visitantes que realizan las pruebas con formularios de comentarios y obtener información sobre los detalles que no les satisfacen o que no cumplen con alguno de los parámetros de calidad del producto.

- **Otros sitios de interés:** Verint Digital Feedback (https://www.verint.com), WebEngage (https://webengage.com), Hotjar (https://www.hotjar.com/es/).

5.2.5. De detección de errores. Pruebas de caja negra

El concepto de pruebas de caja negra comprende todo tipo de test o pruebas que se ejecuten contra una aplicación sin conocer cómo trabaja de forma interna el módulo que se va a auditar.

Quien se encarga de realizar este tipo de pruebas a una aplicación web, por ejemplo, únicamente debe conocer las entradas y salidas que debe esperar de la aplicación.

En apariencia, estas pruebas parecen enfocadas a probar los requisitos funcionales de la aplicación o módulo que se está auditando. ¿Por qué? Porque no se requiere de ningún conocimiento añadido para ejecutarlas.

De esta manera, el equipo de desarrollo y el de pruebas pueden ser totalmente independientes entre sí. Esto permite al equipo de pruebas desarrollar un plan de test cuando esté definido el conjunto de requisitos de la aplicación web.

A continuación, se indicarán ventajas y desventajas de este tipo de pruebas.

Como ventajas se puede afirmar:

- Mayor efectividad en las aplicaciones que contengan gran cantidad de líneas de código que las pruebas realizadas mediante pruebas de caja blanca.

- El equipo de pruebas es independiente del equipo de desarrollo.

- Las pruebas se desarrollan desde el punto de vista del usuario.

- Se cotejan las especificaciones con los elementos para ayudar a encontrar inconsistencias, incongruencias y ambigüedades entre ambas.

Las desventajas que se encuentran son:

- Solo se puede probar un determinado número de entradas porque es imposible tratar todas las posibles combinaciones.

- Si las especificaciones de la aplicación no son claras, los diseños de las pruebas podrán ser insuficientes, y partes de la aplicación no llegarían a ser probadas.

- Si el desarrollador ya ha realizado unas determinadas pruebas y no lo ha notificado al equipo de pruebas, entonces habrá repeticiones innecesarias de dichas pruebas.

- Las pruebas no se pueden realizar sobre módulos necesarios para la aplicación, pero en las que no interviene el usuario. Se pueden denominar módulos opacos.

5.2.6. De seguridad. Evaluación de la protección frente a los ataques más comunes

Las pruebas de seguridad, hay que recordar, tienen tres niveles: nivel del servidor, entendido como sistema operativo base expuesto al exterior; servidor web y, finalmente, la propia aplicación web.

En cuanto al ambiente de la aplicación web, las pruebas están enfocadas a comprobar cómo está protegido ante distintas amenazas. Para considerar una aplicación segura debería reunir las siguientes características:

- Integridad: el sistema estará seguro si la información solo puede ser modificada por los usuarios autorizados y siempre de manera controlada por el propio *software*.

- Confidencialidad: la información solicitada solo debe ser accesible por los usuarios autorizados.

- Disponibilidad: dicha información debe estar disponible cuando se requiere.

- Irrefutabilidad: el uso y/o modificación por parte de los usuarios autorizados debe ser irrefutable o innegable.

La incorporación de un dispositivo en una red informática añade nuevos aspectos a la seguridad relacionados básicamente con la identificación de los accesos. Es decir, en una comunicación punto a punto, como se establece entre un cliente y el servidor al que se accede estén seguros de que existe una relación de confianza mediante, por ejemplo, credenciales de acceso. Para que exista esa confianza mutua, deberán tenerse en cuenta estos aspectos:

- Control de acceso: autorizar el acceso a través de una comunicación a la información y recursos de la aplicación web y por extensión al entorno de todo el servidor y a sus recursos solo a aquellos usuarios autorizados y, por el contrario, negar el acceso a todos los demás.

- Prueba de acceso: asegurar a quien solicita los datos que estos provienen de quien dice ser su emisor.

- Prueba de recepción: asegurar al emisor que un dato transmitido ha sido recibido realmente por quien debe ser su receptor y no otro.

- No rechazo: realización de pruebas más contundentes que las anteriores que impida que un extremo de la relación niegue haber enviado un dato determinado si lo ha hecho o viceversa.

Se debe tener en cuenta que los ataques a la seguridad se dividen en pasivos y activos. Un ejemplo de ataque pasivo es mediante *snooping* y *sniffing*.

¿Qué diferencias hay entre *snooping* y *sniffing*? *Sniffing* solo captura las tramas de la red y no las analiza, pero recoge información como flujo, volumen, horarios o naturaleza. Sin embargo, *snooping* recoge la información y la divulga.

Para los ataques activos, se dispone del enmascaramiento o *spoofing* con diversas técnicas de suplantación de identidad como: IP *spoofing*, ARP *spoofing*, DNS *spoofing*, **Web *spoofing***, Mail *spoofing* y GPS *spoofing*. Los ataques activos, como es la suplantación de un ente autorizado, pueden provocar o tener la intencionalidad del acceso a la información y recursos del sistema, lo que puede incluir la destrucción, creación o modificación no autorizada de datos y/o recursos. Este tipo de ataques pueden tener la intencionalidad, asimismo, de provocar una interrupción del servicio o recursos mediante ataques denegación de servicio (ataque DoS).

¿Qué contramedidas se pueden aplicar? Lo más probable es que no se tomen contramedidas hasta que no se detecta el ataque, lo que no es una buena medida. El motivo para no aplicar desde el principio una política de seguridad severa suele ser no ralentizar el servidor con políticas restrictivas que consumen sus recursos. Así como los ataques pasivos son difíciles de detectar, suelen existir contramedidas para prevenirlos. Sin embargo, los ataques activos son más fáciles de detectar, pero más complejos de prevenir y más dañinos. Estas medidas podrían resumirse en:

- Minimizar, en la medida de lo posible, la posibilidad de intromisión con elementos de protección bien a nivel de sistema operativo, o bien desde la propia aplicación web.

- Detectar cualquier intrusión lo antes posible. Desde el nivel de sistema operativo, servicios activos y a través de la propia aplicación web.

- Identificar la información objeto del ataque y su estado para recuperarla tras el ataque. Para restaurar la información, debe existir una estrategia de copias de seguridad más compleja que el mero *backup* incremental.

¿Cómo evaluar la protección de la aplicación web frente a los ataques más comunes? Se intentará hacerlo respondiendo a las siguientes preguntas:

- ¿Hay accesos a la aplicación mediante credenciales débiles o nulas?

- ¿Hay sospechas de suplantación de identidad porque hay dos o más accesos simultáneos desde ubicaciones distintas?

- ¿Se han probado si funcionan las inyecciones SQL en la aplicación web?

- ¿Los roles y/o perfiles están bien definidos y son consistentes?

- ¿La base de datos tiene características y funciones no necesarias para la aplicación?

- ¿Se ha comprobado cuántos usuarios pueden simultáneamente acceder sin colapsar la aplicación?

- ¿Hay datos sensibles y no están cifrados?

- ¿Está habilitado un certificado digital para utilizarlo con el protocolo HTTPS?

Para saber más...

Un analizador de paquetes (*sniffing*) es un programa de captura de las tramas de una red de dispositivos. Para conseguir esto, es necesario que la interfaz de red esté en modo promiscuo.

El *snooping* tiene como objetivo obtener información de una red a la que están conectados sin modificarla, similar al *sniffing* (*packet sniffer*). Además de interceptar el tráfico de red, el atacante accede a documentos, mensajes de correo electrónico y otra información privada guardada en el sistema, almacenado esta información en su equipo o transfiriendo la información a otra ubicación distinta y distante.

El *spoofing*, en términos de seguridad de redes, hace referencia al uso de técnicas de suplantación de identidad generalmente con usos maliciosos o de investigación.

5.2.7. De rendimiento. Pruebas de carga o estrés. Estadísticas

Las pruebas de rendimiento son aquellas que se realizan para determinar la velocidad de ejecución de una tarea en un sistema o aplicación en determinadas condiciones.

Esto puede permitir la validación y verificación de la calidad de la aplicación en aspectos tan importantes como escalabilidad, utilización de los recursos y fiabilidad de la propia aplicación. Esta práctica se utiliza para mejorar el rendimiento de la aplicación.

Las pruebas de carga o estrés son los tipos de prueba más sencillos. Se realizan para observar el comportamiento de la aplicación objeto mientras se realizan distintas fases de peticiones que se encuentran a la espera de respuesta por parte de la aplicación.

Por ejemplo, se estudia cómo responde la aplicación cuando veinte usuarios realizan una petición de consulta simultáneamente. La aplicación tiene que controlar: si el usuario está autorizado a realizar la petición, crear la consulta

SQL para acceder al motor de base de datos, esperar la respuesta y devolver al usuario el informe solicitado con un formato entendible por él. Y esto atendiendo veinte peticiones distintas simultáneamente.

Este tipo de pruebas puede mostrar los tiempos de respuesta de la aplicación durante el tiempo que transcurre en la carga, desde su inicio hasta que entrega el informe solicitado.

Debe tenerse en cuenta que si ocurre un fallo, no tiene por qué ser debido a la propia aplicación. Puede fallar el sistema operativo base, el servidor web y/o el motor de base de datos antes que la aplicación web. Por lo que se deben monitorizar estos elementos base y la propia aplicación para determinar dónde se encuentra el cuello de botella.

Todo este tipo de pruebas genera mucha información que debe ser estudiada. En estos casos es una tarea difícil determinar qué parte del sistema (sistema operativo base, servidor web, motor de base de datos, aplicación web) representa un fallo crítico o una vulnerabilidad.

¿Qué hacer con tanta información? Algunas herramientas de prueba incluyen datos formateados de las pruebas realizadas como, por ejemplo: tiempos de transacción, número de accesos, sobrecarga y otros monitores. Estos pueden ser analizados mediante las estadísticas resultantes.

5.2.8. De integridad de datos

En este tipo de pruebas se busca comprobar la corrección y compleción de los datos en la base de datos objeto de la aplicación web. Teniendo como referencia el lenguaje SQL, cuando los contenidos se modifican con instrucciones como INSERT, DELETE o UPDATE, la integridad puede verse afectada. ¿Cómo? No teniendo en cuenta la relación entre las distintas tablas.

Por ejemplo, si un registro de una tabla de CLIENTES se borra, habrá otras tablas afectadas como FACTURACIÓN. Hay una relación entre las tablas CLIENTES y FACTURACIÓN. Al eliminar el registro de CLIENTES, la tabla FACTURACIÓN tiene uno o más registros con referencias a la tabla CLIENTES que no encontrará. Entonces existirán con lo que se denominan "datos huérfanos". Este tipo de situaciones, si no se controlan, acaban "engordando" la base de datos con datos irrelevantes para la aplicación. Esto provocará pérdida de tiempo tanto en la grabación como en la modificación y consultas al motor de base de datos.

También puede contener errores del sistema o fallo en el suministro de energía. Si en el momento de actualizar un dato hay un fallo de energía, es posible que todos los datos no hayan sido guardados de forma correcta.

Una de las funciones importantes de un sistema de administración de bases de datos (DBMS) relacional es preservar la integridad de sus datos almacenados en la mayor medida posible.

5.3. Diseño y planificación de pruebas. Estrategias de uso común

La elección de estrategias para la realización de pruebas es uno de los factores más importantes de las pruebas de esfuerzo (carga, estrés) y también la exactitud de los planes de prueba y estimaciones posteriores de sus resultados.

Los procesos de verificación de una aplicación web podrían dividirse en dos grupos: estáticos y dinámicos. Las pruebas estáticas se centran en evaluar la calidad de la documentación del proyecto teniendo en cuenta las revisiones periódicas. Sin embargo, las pruebas dinámicas, al realizarse mediante la ejecución de *software*, miden el nivel de calidad de la codificación y si cumple con el nivel esperado en relación con el sistema que lo soporta.

Un proceso de pruebas formal estará compuesto por las siguientes etapas:

* **Plan de pruebas**: esta es la primera etapa donde se realizan las primeras actividades que tendrán, como resultado final, el plan de pruebas. Contemplará estos aspectos:

  — Alcance de la prueba: funcionalidades de la aplicación web que serán probadas durante el transcurso de la prueba.

  — Tipos de prueba: qué tipos de pruebas requeriría este producto. En nuestro caso, la aplicación web.

  — Criterios de salida: en qué condiciones se puede considerar que una actividad de pruebas fue finalizada.

  — Otras consideraciones: incluir estimación de tiempos, recursos, roles, etc., que serán parte del proceso. Preparación del entorno de pruebas, cronograma base, etc. Debe tenerse en consideración el soporte base sobre el que trabajará la aplicación: si el sistema base (sistema operativo, base de datos, equipos cliente, etc.) debe tenerse en cuenta en el plan de pruebas o no.

* **Diseño de pruebas**: una vez realizado el plan de pruebas, el equipo encargado iniciará el análisis de toda la documentación existente con respecto a la aplicación web. Esta documentación constará de casos de utilización, experiencias de usuario, arquitectura del sistema, diseños, manuales de usuario, manuales técnicos, etcétera.

- **Implementación y ejecución de pruebas**: antes de iniciar la ejecución de pruebas debe crearse un banco de datos necesarios para ejecutar los casos de pruebas diseñados. Estas pruebas pueden ser manuales o automatizadas. Independientemente de la elección tomada, cada vez que se detecte un fallo debe registrarse documentalmente. Para documentar las incidencias o fallos, conviene utilizar una herramienta que permita registrar estos casos (*Bug Tracker*). Una vez detectado el error, debe corregirse y volver a realizar la prueba para confirmar que el defecto ha sido corregido de forma exitosa. No obstante, se debe poder ejecutar un ciclo de regresión que permita volver a la situación inicial para comprobar que no ha afectado a otros elementos de la aplicación.

- **Evaluación de criterios de salida**: estos criterios son necesarios porque se determinará si el ciclo de pruebas puede darse por finalizado. Conviene determinar una serie de métricas, de modo que al finalizar un proceso de pruebas se puedan cotejar sus resultados, entre la métrica y las pruebas, para comprobar si es posible continuar con el siguiente ciclo de pruebas.

  Se pueden mencionar varios criterios de salida: cubrimiento de funcionalidades en general, cubrimiento de funcionalidades críticas para el sistema, número de defectos subsanables, críticos y mayores detectados.

- **Cierre del proceso**: en este punto se deben cerrar las incidencias registradas, verificar si la documentación resultante ha sido entregada y aprobada. También debe darse por finalizada y aprobada la documentación de soporte de prueba y analizar los resultados de la documentación obtenida para su aplicación en futuras estrategias con otros productos similares.

5.4. Consideraciones de confidencialidad. Pruebas con datos personales

Para la realización de las pruebas debe procurarse de un banco de pruebas lo más fiable posible. Esto implica que se necesitarán datos lo más reales que se pueda. Incluso la organización puede aportar sus datos para que las pruebas sobre la aplicación sean lo más fiables posible.

Dicho esto, se debe tener en cuenta que existe una legislación sobre protección de datos que el equipo responsable de realizar todo el proceso de verificación del resultado de las correspondientes pruebas debe conocer y cumplir. En España la normativa que rige la protección de datos es la Ley Orgánica 3/2018, de 5 de diciembre, de Protección de Datos Personales y garantía de los derechos digitales, conocida como LOPD.

Todas las consideraciones sobre el cumplimiento de esta ley pueden encontrarse en la web de la Agencia Española de Protección de Datos (https://www.aepd.es/).

En la guía de protección de datos por defecto, https://www.aepd.es/guias/guia-proteccion-datos-por-defecto.pdf, apartado DOCUMENTACIÓN Y AUDITORIA el lector puede encontrarse con recomendaciones para la realización de pruebas que cumplan con la legislación vigente en cuanto a protección de datos se refiere.

Evaluación de las pruebas

Se relacionan en el **ANEXO I** algunas comprobaciones que se pueden realizar para verificar el cumplimiento de las disposiciones del Reglamento de la Agencia Española de Protección de Datos (AEPD).

Elaboración del informe

Debe dictaminar sobre:

- Adecuación de las medidas y controles establecidas a lo dispuesto en el Título VIII del Reglamento.

- Identificación de deficiencias y propuesta de medidas correctoras o complementarias.

- Incluirá los datos, hechos y observaciones en que se basen los dictámenes alcanzados y recomendaciones propuestas.

- Será analizado por el responsable de seguridad, y elevará sus conclusiones al responsable del fichero para que adopte las medidas adecuadas.

- Deberá quedar a disposición de la Agencia Española de Protección de Datos.

Fuente: Agencia Española de Protección de Datos.

5.5. Automatización de pruebas. Herramientas

Actualmente, existen herramientas propietarias (de pago) y de libre distribución.

¿Cuál elegir? Dependerá de la importancia de la aplicación web que se vaya a analizar. Si es imprescindible que la aplicación no tenga ningún fallo y el coste del producto es alto, quizás no se debiera priorizar la valoración económica sobre la eficiencia de una herramienta a la hora de chequear la propia aplicación web.

A continuación, se muestra una serie de aplicaciones que pueden resultar útiles para analizar la aplicación web objeto de pruebas.

Herramientas de libre distribución de caja negra —Pruebas generales—		
Nombre	Descripción	Web
Zed Attack Proxy (ZAP)	Herramienta de pruebas penetración web que busca vulnerabilidades en las aplicaciones web.	https://owasp.org/
OWASP WebScarab Project	WebScarab es un *framework* para analizar aplicaciones que utilizan los protocolos HTTP y HTTPS.	https://owasp.org/
CAL9000	Es una colección de herramientas de pruebas de seguridad para aplicaciones web que complementa el conjunto de características de los escáneres automatizados y de los *proxies* web actuales.	https://owasp.org/
OWASP Pantera Web Assessment Studio Project	Pantera utiliza una versión mejorada de SpikeProxy para proporcionar un motor de análisis potente de aplicaciones web.	https://owasp.org/
OWASP Mantra Security Framework	Es un *framework* que corre internamente en un navegador y se utiliza para realizar pruebas de seguridad sobre aplicaciones web.	https://owasp.org/
Burp Suite	Burp Suite es una plataforma integrada para realizar pruebas de seguridad de aplicaciones web. Son varias herramientas que trabajan conjuntamente para soportar varios tipos de pruebas. Realiza un proceso de chequeo completo, desde un mapeado inicial y análisis de ataques a una aplicación web a través de la búsqueda y explotación de vulnerabilidades de seguridad.	https://portswigger. net/ burp

Herramientas de libre distribución de caja negra —Pruebas generales—		
Nombre	Descripción	Web
Watobo	Watobo está destinada a permitir a los profesionales de seguridad llevar a cabo auditorías de seguridad altamente eficiente (semiautomatizado) de aplicaciones web.	https://sourceforge. net/ projects/watobo/
Web Depeloper	Herramienta de desarrollo web en el navegador Firefox.	https://addons.mozilla. org/en- US/firefox/ addon/web- developer/
Firefox Firebug	Firebug está integrado con el navegador Firefox para editar, depurar y monitorizar documentos web como CSS, HTML y JavaScript. Necesita del navegador Firefox.	http://getfirebug.com/
Grendel Scan	Una herramienta para automatizar escaneados de seguridad de aplicaciones web. Muchas características están presentes en el manual de pruebas de penetración.	http://sourceforge. net/p rojects/grendel/
SWFIntruder	Es la primera herramienta de desarrollo para análisis y pruebas de seguridad específica para aplicaciones *Flash* en tiempo de ejecución.	https://owasp.org/
Skipfish	Es una herramienta de reconocimiento de seguridad activo de aplicaciones web.	https://github.com/ spin kham/skipfish
Web Developer toolbar	Herramientas para el desarrollador web. Requiere la utilización de un navegador.	https://chrome.google. com/webstore/detail/w eb- developer/bfbameneio kkgbdmiekhjnmfkcnld hhm
HTTP Request Maker	Herramienta para ver mensajes, editar y enviar peticiones HTTP. Requiere de la utilización de un navegador.	https://chrome.google. com/ webstore/detail/re quest- maker/kajfghlhfkcocaf kcjlajldicbikpgnp?hl=e n-US
Subgraph Vega	Vega es un escáner y plataforma de chequeo para probar la seguridad de aplicaciones web.	https://subgraph.com/v ega/

Herramientas de libre distribución de caja negra —Pruebas para vulnerabilidades específicas—		
DOMinator Pro	DOM XSS es potencialmente muy peligroso en los sitios web basado en la nube y en la interfaz web HTML5 que utiliza mucha codificación JavaScript. JavaScript puede ser objeto de utilización para hackear los sitios web.	https://www.blueclosure.com/
OWASP SQLiX	Pruebas de inyección SQL.	https://owasp.org/
SQLMap	Herramienta automática de inyección SQL. Soporta varios motores de SQL.	https://sqlmap.org/
Pangolin	Herramienta automática de inyección SQL. Soporta varios motores de SQL.	https://www.darknet.org.uk/2009/05/pangolin-automatic-sql-injection-tool/
SQLPowerInjection	Herramienta automática de inyección SQL. Soporta varios motores de SQL.	http://www.sqlpowerinjector.com/
THC Hydra	Pruebas de ataque por fuerza bruta.	https://github.com/vanhauser-thc/thc-hydra
Ncat	Pruebas de ataque por fuerza bruta.	https://nmap.org/ncat/
Medusa	Pruebas de ataque por fuerza bruta.	http://foofus.net/goons/jmk/medusa/medusa.html

Herramientas de pruebas "caja negra" comerciales:

- NGS Typhon III - https://www.nccgroup.com/es/auditoria-y-asesoramiento/escaneo-de-vulnerabilidades/

- NGSSQuirreL - https://www.nccgroup.com/es/auditoria-y-asesoramiento/escaneo-de-vulnerabilidades/

- Burp Intruder - https://portswigger.net/burp/documentation/desktop/tools/intruder

- Acunetix Web Vulnerability Scanner - https://www.acunetix.com

- MaxPatrol Security Scanner - https://www.ptsecurity.com/ww-en/products/maxpatrol/

- Parasoft SOAtest (moreQA-typetool) - https://www.parasoft.com/products/parasoft-soatest/

- N-Stalker Web Application Security Scanner - https://www.convisoappsec.com/

- SoapUI (Web Service security testing) - https://www.soapui.org/Security/getting- started.html

- Invicti - https://www.invicti.com/product/

- SAINT - https://www.carson-saint.com/

- Retina Web - https://www.beyondtrust.com/blog/entry/introducing-retina-network-security-scanner-6-3

Además de las herramientas seleccionadas, hay otras como analizadores de código fuente, herramientas de pruebas de aceptación, análisis de tiempo de ejecución, análisis binario. Las hay *open source* y también se encontrarán de carácter comercial.

ACTIVIDADES

5.1. ¿Cuál de los siguientes elementos corresponde en el caso de la realización de una verificación de una aplicación web?

    a. Los PPR.

    b. Fase Alfa.

    c. Fase Beta.

    d. Fase implementación.

5.2. ¿Cuál de los siguientes tipos de pruebas no corresponde con la fase de verificación de aplicaciones web?

    a. Revisión de la interfaz web.

    b. Revisión del servidor web.

    c. Revisión de los componentes funcionales.

    d. Realización de pruebas de seguridad.

5.3. ¿A qué se denomina "prueba funcional"?

    a. A la validación de todos los formularios.

    b. A la validación del servidor web.

    c. A la validación del comportamiento de navegación.

    d. A la validación del comportamiento del *software* de la aplicación.

5.4. En el proceso de versión Alfa existe *software* específico que sustituya el trabajo del usuario en esta fase de pruebas. Indica si es verdadero o falso.

    a. Verdadero.

    b. Falso.

5.5. ¿Cuál de las siguientes pruebas corresponde a pruebas estructurales?

    a. Pruebas de flujo de datos.

    b. Pruebas de red.

    c. Pruebas de bifurcación.

    d. No existen las pruebas estructurales.

5.6. Si la aplicación web utiliza *softwares* externos, ¿cómo deben realizarse pruebas?

    a. El proveedor debe ofrecer un modo de prueba que permita comprobar la integridad del servicio con la aplicación.

    b. El proveedor debe garantizar, por escrito que sus parámetros están validados y no se realizarán pruebas añadidas.

c. El proveedor debe ofrecer la documentación necesaria para parametrizar el módulo al que se integra. Por lo que no necesita pruebas.

d. Ninguna de las demás respuestas es correcta.

5.7. **Un ejemplo de integración de módulos externos es:**

a. Enlace a bases de datos.

b. Enlaces mediante sistemas AJAX.

c. Sistema CAPTCHA.

d. Sistema CSS.

5.8. **Se puede integrar, en tiempo real, un módulo de redes sociales. Indica si es verdadero o falso.**

a. Verdadero.

b. Falso.

5.9. **Una aplicación "yourproduct-text" es:**

a. Cuenta de pruebas que permite comprobar la integración de un módulo externo en la aplicación web.

b. Un módulo construido pero que se utiliza en cualquier equipo.

c. Sistema automatizado de integración con un módulo de un proveedor de *software*.

d. Ninguna de las otras respuestas es correcta.

5.10. **¿Qué son las pruebas de usabilidad?**

a. Pruebas de diseño que consisten diversas encuestas a usuarios.

b. Pruebas de diseño web donde se observa el comportamiento de los usuarios.

c. Prueba beta.

d. Pruebas que se centran en "la experiencia del usuario" con la aplicación web.

5.11. **Las pruebas que no se pueden realizar sobre módulos necesarios para la aplicación se denomina:**

a. Módulos opacos.

b. Módulos perfectos.

c. Módulos negros.

d. No existen estos tipos de módulos.

5.12. En las aplicaciones web, ¿se mide el rendimiento de la propia aplicación web?

    a. No es necesario, el rendimiento depende del navegador que se utilice.

    b. No es necesario, dependerá de las comunicaciones entre el servidor y el equipo cliente.

    c. Sí, centrado en el navegador que se utilice.

    d. Sí, la medición se basará en el comportamiento del servidor, ancho de banda y eficiencia del navegador.

5.13. En una aplicación web, ¿qué función tiene una base de datos?

    a. Recopilación de información.

    b. Recopilación e integridad de los datos.

    c. Uso de sentencias SQL.

    d. El gestor de la base de datos no se realiza desde la propia aplicación.

5.14. ¿Qué estrategia debe implementarse para realizar las pruebas de eficiencia y seguridad de una aplicación web?

    a. Plan y diseño de las pruebas, implementación y ejecución de pruebas; evaluación de las salidas generadas y cierre del proceso.

    b. Play y diseño de las pruebas.

    c. Implementación y ejecución de las pruebas.

    d. Plan de pruebas y evaluación de estas.

5.15. En la fase de pruebas con datos reales, incluyendo aquellos de carácter personal, ¿qué se debe tener en cuenta?

    a. Que sean fiables.

    b. Que esté autorizado por la organización Lista Robinson.

    c. Cumplir con las normas de la LOPD.

    d. La utilización de una máquina Sandbox.

5.16. A qué se denomina "caja negra":

    a. Es un tipo de prueba de software directa, permitirá analizar la compatibilidad entre las interfaces de cada uno de los componentes de un *software*.

    b. Es una máquina virtual aislada.

    c. Es un *software* cerrado donde se "encierra" una aplicación para comprobar su comportamiento.

    d. No existe sistema con ese nombre.

5.17. Para probar un "estrés" de seguridad en una aplicación web. ¿Cuál de las siguientes medidas no tiene sentido?

a. XSS.

b. Inyección SQL.

c. Edición del navegador.

d. Búsqueda mediante Hydra.

5.18. De las siguientes herramientas, ¿cuál no es considerado como de fuerza bruta?

a. Ncat.

b. Hydra.

c. Medusa.

d. SQLMap.

5.19. Un ataque de robo de credenciales modificando la *cookie* que genera una aplicación web se debe valorar. Indica si es verdadero o falso.

a. Verdadero.

b. Falso.

5.20. Una aplicación web, una vez dada por finalizada…

a. Documentarse y empezar a trabajar en una nueva versión.

b. Recopilar información y seguir actualizando si fuera necesario.

c. Centrarse en el nivel de funcionamiento en el servidor.

d. El propietario de la aplicación web no está comprometido a su continuidad.

ACTIVIDAD PRÁCTICA

Realizar las siguientes fases de pruebas de una aplicación web:

- Realización de las PPR (preparación de pruebas).
- Realizar la estrategia de "caja blanca".
- Realización de la estrategia de "caja negra".
- Análisis del resultado de las pruebas y acciones recomendadas.

6. Verificación de aplicaciones web

Introducción

Hoy en día, cualquier organización, sea pública o privada, que desarrolle *software* propio o para terceros debe valorar si la aplicación desarrollada perdurará en el tiempo o es una aplicación con un tiempo de vida corto y con un fin específico. Está claro que este requisito deberá estar definido en el proyecto de la aplicación web.

Cuando una aplicación tiene visión de futuro y es de calidad, la aplicación también debe evolucionar.

¿Por qué? Porque a la hora de desarrollar un producto *software* normalmente se implica un equipo de personas con unas tareas específicas sobre el producto. Esto requiere que haya un mínimo de organización. Para mantener organizado todo el proceso evolutivo se pueden utilizar, como ayuda, diversas herramientas.

¿Cómo debe hacerse? Mediante versiones que corresponderán a la evolución de la propia aplicación.

Contenido

6.1. Definición

Se definirá control de versiones a la gestión de los diversos cambios producidos realizados sobre los elementos o módulos de algún producto *software*, en este caso aplicación web, que afecta parcialmente al funcionamiento del mismo. La versión indicará cuán profunda es la revisión del producto de *software*. Y, además, indicará el estado en el que se encuentra en un momento dado en su desarrollo y/o modificación.

6.2. Características generales

Primero de todo se deben separar, almacenar y documentar todas y cada una de las versiones realizadas sobre el producto objeto del mismo, en este caso la aplicación web. También, documentalmente, deberá indicarse sobre qué versión (normalmente será la última) se realizarán las modificaciones y/o cambios.

Para ello, el sistema de control de versiones deberá proporcionar:

- **Almacenamiento**: aparte del producto que se va a manipular tendrá que existir un mecanismo de almacenamiento para gestionar los elementos que entran en juego en el desarrollo de la versión. Como ejemplo se citarán: archivos de texto que se emplean, imágenes que se modifican o se crean como nuevas, documentación extra, etcétera.

- **Cambios sobre los elementos**: se debe dar la posibilidad de realizar cambios sobre los elementos almacenados. Esto ocurrirá con las modificaciones parciales, añadir, borrar, etcétera.

- **Registro histórico**: todos los cambios realizados en cada elemento o conjunto de elementos deben quedar registrados. Esto debe ser así porque en el caso de necesitar una reversión a un punto anterior deben conocerse todos los pasos que se dan hacia adelante.

- **Generación de informes**: es útil generar informes de los cambios sufridos entre versiones, qué elementos se han visto afectados, qué cambios se han hecho en el *software*, qué programas se han visto afectados, etcétera.

6.3. Tipos de control de versiones

El método básico para el control de versiones es copiar los archivos de la versión base (última versión) a otro directorio nombrando dicho directorio de una manera que oriente qué es y/o para qué se va a utilizar. Y, a partir de aquí, empezar a añadir elementos o modificar elementos de la nueva versión.

Esta solución está muy extendida por ser muy sencilla su utilización. El problema que se puede encontrar es la grabación de los archivos. Es muy fácil no ubicar convenientemente, seguramente por prisas, el archivo resultante para su grabación. Esto puede provocar la grabación en un directorio o carpeta distinta a su ubicación "natural" o copiar el archivo encima de otro, etcétera.

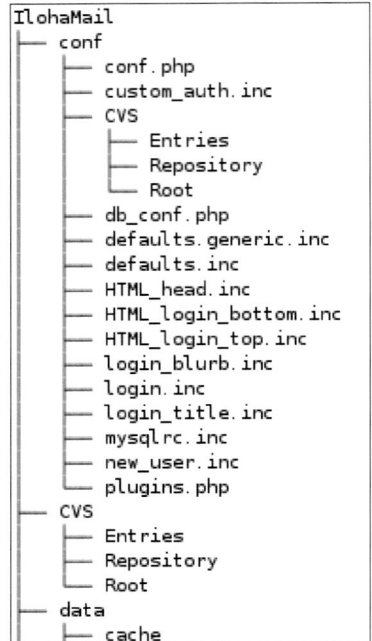

Antes de utilizar los métodos actuales, se han utilizado otros con más o menos éxito:

- **Copias en diversos equipos y/o servidores**: con este tipo de control realmente lo que se tiene es, a salvo, una copia de la versión final última. Esto implica que si se realiza un cambio de codificación y/o archivo, el equipo es el encargado de realizar una copia resultante. Esto puede provocar que se disponga de muchas copias que, si no se ha definido un criterio de copia, al final no se conozca el camino que se ha tomado y no se puede revertir parcialmente el trabajo.

- **Desarrollo de aplicaciones propias para la gestión de versiones**: de todo punto es una pérdida de tiempo estando desarrolladas aplicaciones que realicen esta función y, además, en muchos casos son *open source*. En todo caso, se podría adaptar una de estas aplicaciones que cumpla con los requisitos que necesita la organización que desarrolla las versiones de la aplicación.

- **Utilización de la nube para guardar proyectos**: este tipo de aplicaciones puede funcionar desde el punto de vista documental, pero no como almacén y prueba de la propia aplicación.

Conclusión, este tipo de sistemas puede generarnos múltiples errores no controlables.

Para hacer frente a este problema, se desarrolló hace tiempo **VCS** (*Version Control System*), que es un sistema de control de versiones locales que contienen una base de datos donde se mantiene un registro de actividades y cambios realizados sobre la nueva versión.

Para este sistema, hay una herramienta que puede ser útil, RCS *(Revision Control System)*, que automatiza tareas como guardar, recuperar, registrar, identificar y mezclar versiones de archivos. Además, es útil para gestionar archivos que son modificados frecuentemente: programas, documentación, gráficos o imágenes, etcétera.

6.3.1 Centralizados

En los sistemas de control de versiones centralizados las distintas versiones vienen identificadas por un número de versión.

En este tipo de estructura para el control de versiones únicamente se utiliza un servidor donde es alojado el repositorio del proyecto y al que los distintos usuarios adscritos al proyecto acceden para recuperar o actualizar los cambios realizados.

En este tipo de sistema de control de versiones todos los usuarios (dependerá del rol que tiene asignado el usuario) pueden conocer en qué trabajan los otros colaboradores del proyecto.

Este sistema también tiene desventajas. Este es el caso de centralizar todo el proyecto en un servidor. Si el servidor se cae, nadie podrá guardar el trabajo realizado mientras dure la caída. Si su base de datos está corrupta, se pierde todo.

Para evitar este tipo de problemas deben realizarse de forma sistemática copias de seguridad sobre la última versión del proyecto para evitar la pérdida de todo el proyecto.

6.3.2. Distribuidos

¿Qué es un sistema de control de versiones distribuido? Es la replicación entre dos o más servidores de todo el proyecto. A este sistema se le llama, también, DVCS *(Distribuited Version Control Systems)*. Este sistema tiene como principal ventaja que si un servidor se cae o su base de datos se corrompe, el cliente (colaborador del proyecto) no interrumpirá su trabajo porque podrá obtener la información de cualquier servidor que esté activo.

Y una vez levantado el servidor que ha estado fuera de servicio, este se actualizará a partir de los datos de los otros servidores.

¿En qué consiste? En replicar cualquier cambio producido en uno de los servidores al resto de servidores.

6.4. Mecanismos de control de versiones

En este apartado se desarrolla el cómo se realizan las tareas de mantenimiento y actualización del proyecto por parte del equipo colaborador de dicho proyecto.

Los sistemas de control de versiones utilizarán algún mecanismo de almacenamiento de los datos y la información que maneja. A esta base de datos se denominará **repositorio**.

Muchos de los sistemas de control de versiones más conocidos tienen un funcionamiento bastante sencillo. Mantienen un repositorio centralizado, por ejemplo, en un equipo de la red, pero permite el acceso colaborativo desde varios equipos de la red. Esto no solo puede funcionar en una red local, sino que, configurándolo adecuadamente, permitirá acceso desde Internet.

Se propone un ejemplo, el equipo de proyecto trabaja, mayoritariamente, en unas instalaciones que disponen de una red local. El proyecto está centralizado en un ordenador que actúa como servidor. El servidor se deja "expuesto" al acceso desde Internet (por ejemplo, a través de DMZ —*Demilitarized Zone*— del rúter) para que los miembros del equipo puedan acceder, en algún momento dado, desde Internet.

En la Figura 6.1 se muestra cómo se está iniciando una sesión en un equipo remoto a través de Internet.

Figura. 6.1.

6.4.1. Repositorios. Gestión y administración

El repositorio es el lugar en el que se almacenan los datos actualizados e históricos de los cambios producidos en el proyecto de la nueva versión de la aplicación. Este lugar actúa como servidor de otros equipos. Los equipos de los colaboradores del proyecto accederán a este equipo y añadirán o actualizarán los documentos que puedan aportar o solo recoger información, por ejemplo, de la situación de un elemento de la aplicación.

¿Cómo funciona el repositorio? Cada cliente del sistema dispone de su propia copia local de trabajo, que puede ser examinada y/o modificada a voluntad sin afectar al conjunto del proyecto.

Se denomina **cambio** a cada una de las modificaciones realizadas por alguno de los colaboradores del proyecto en alguno de los documentos que se encuentran en el proyecto de la versión que se está elaborando. Hay sistemas que permiten agrupar múltiples cambios en una sola operación de escritura o actualización del repositorio. Se le denomina *changeset,* que es un conjunto de cambios que pueden ser tratados como un grupo indivisible, como ejemplo, un paquete atómico.

Se denomina **revisión** al mantenimiento de los cambios documentales, programas, sitios web y otros tipos de colecciones de información. Normalmente, estos cambios están identificados mediante un número o letra, denominado "número de revisión", "nivel de revisión, o simplemente "revisión". Por ejemplo, un conjunto de archivos puede denominarse "revisión 1". Cuando el primer cambio está realizado, el resultado será "revisión 2", y así sucesivamente. Cada revisión estará "sellada" e identificada la persona que lo ha realizado.

6.4.2. Publicación de cambios (check-in o commit). Operaciones atómicas

Los *check-in* (o *commit*) son las operaciones mediante las cuales se integran en el repositorio los cambios realizados en la copia local. De esta forma, el resto de los colaboradores pueden acceder a los cambios realizados por el colaborador.

Puede darse una situación anómala si concurre la siguiente situación: varios programadores deben trabajar sobre el mismo archivo. Si es así, este tipo de sistemas detectan esta situación, y actúan para evitar posibles problemas, pudiendo darse dos casos:

- Si varios colaboradores del proyecto han trabajado en partes de código diferentes, el sistema lo detectará y los fusionará para dar un fichero que incluya todos los cambios.

- Si varios colaboradores han trabajado en líneas de código comunes, realizando cambios sobre ellas (adición de líneas de código, modificación de líneas de código, borrado de líneas de código), el sistema lo que hace es señalar que se ha producido un conflicto, creando un archivo intermedio para que puedan ser revisados los cambios de forma simultánea cotejando el resultado de los cambios producidos. De esta manera, se podrá decidir con qué versión quedarse, o bien realizar a mano una combinación de los dos, o, inclusive, descartar todos y rehacerlo.

6.4.3. Tipos de desprotección, despliegue o check-out: exclusivos y colaborativos

El *check-out* es el proceso de obtener una copia local del proyecto proveniente del repositorio. Se puede especificar una versión concreta. Por defecto, se suele obtener la última.

Habrá dos formas de operar si se altera la copia local:

- **Exclusivos**: el miembro del proyecto selecciona, de la documentación del repositorio, el contenido que quiere modificar, entonces el sistema se encarga de que ningún otro colaborador modifique dicho elemento. El colaborador modificará la documentación seleccionada en su copia local y actualizará el repositorio cuando finalice la modificación local.

- **Colaborativo**: el miembro del proyecto descarga la copia pudiendo modificarla. Acto seguido actualiza en el repositorio los cambios realizados. El sistema se encarga de interpretar las modificaciones realizadas. Este tipo de despliegue puede generar, en el control de la versión, un conflicto, por lo que requiere de una buena coordinación entre los miembros del proyecto; si se dan los conflictos, se deben resolver manualmente en el proceso de *check-in*.

El procedimiento habitual de un sistema de control de versiones es:

- Descarga de ficheros inicial (*check-out*)

- Ciclo de trabajo habitual:

  — Modificación de los ficheros.

  — Actualización de ficheros en local (*update*).

  — Resolución de conflictos (si los hay).

  — Actualización de ficheros en repositorio (*commit*).

6.4.4. Ramificaciones (*branching*)

Básicamente el **branching,** o **ramificación**, es la copia de un objeto bajo el control de revisión (por ejemplo, un fichero de código fuente o un árbol de directorios completo) por lo que ambas ramas pueden discurrir en paralelo. Cada rama será una **línea de desarrollo**. Estas ramas deben estar aisladas del proyecto, de forma que los cambios realizados no afecten al resto del proyecto, ni las modificaciones del resto del proyecto afecten a la ramificación. Estas ramificaciones se darán por terminadas cuando se decida unir los cambios producidos con el resto del proyecto.

Como ejemplo: una rama puede ser utilizada como banco de pruebas experimental. Esto hará que la rama sea extremadamente inestable para la rama principal. Una vez que se ha verificado la validez del desarrollo la rama se considerará válida para integrarla de nuevo al proyecto. Por el contrario, si se verifica que no cumple con los objetivos marcados simplemente se descarta y se "rompe" la rama. De esta manera el proyecto no se ve perjudicado en su evolución.

En la Figura 6.2 se aprecia cuando se produce una ramificación y en qué momento vuelve a converger. También puede ocurrir que una ramificación se desarrolle de forma independiente a la rama principal creándose un proyecto nuevo.

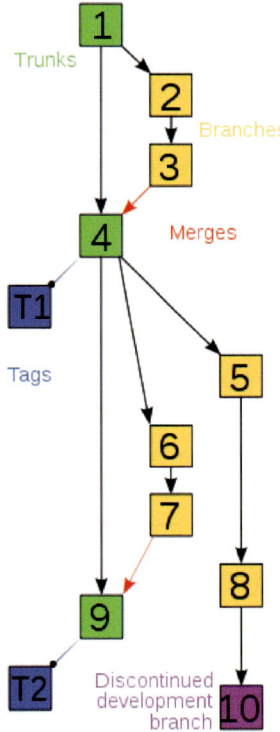

Figura. 6.2.

6.4.5. Fusiones (*merging*)

Se llama **merging,** aunque también se llama integración, es una operación fundamental que reconduce múltiples cambios realizados en el proyecto para un control de revisión de la colección de archivos. Muchas veces, es necesario cuando un fichero está modificado por dos colaboradores o más en diferentes equipos a la vez. Cuando dos ramas son fusionadas, el resultado es una única colección de archivos que contiene ambas ramas fusionadas.

En algunos casos, la fusión puede ser realizada automáticamente porque hay suficiente información histórica para deshacer los cambios y que estos no generen conflictos con el proyecto. En otros casos, una persona debe decidir exactamente qué archivos de resultados debe tener el proyecto para su fusión. Algunas herramientas de control de revisión incluyen la capacidad de fusión entre ramas.

Por resumir un poco, cuando la rama sobre la que se está desarrollando es estable (errores solucionados, funcionalidades añadidas), se fusiona, *merge*, con el tronco.

En la Figura 6.2 se muestra el proceso de ramificación y el momento en que converge, fusión o *merge*, que será cuando es estable la versión.

6.4.6. Etiquetado (*tagging*)

¿Qué es el etiquetado o *tagging*? Muchos sistemas automatizados permiten definir etiquetas (*tags*) para referirse a una revisión determinada y un determinado conjunto de ficheros de esa revisión. La etiqueta permite asignar un nombre mnemotécnico o significativo de manera colectiva a varios ficheros a la vez. Cuando se determinan los tipos de etiquetas, puede definirse un tipo de nomenclatura con la que será fácil acceder de forma rápida a ese conjunto de archivos. Por ejemplo: AWS2.0R5C6 donde AW será aplicación web, S destino (por ejemplo: Sanidad), 2.0 la versión del proyecto, R5 la rama, C6 el conjunto de archivos 6.

En algunos sistemas se considera un *tag* como una rama en la que los ficheros no evolucionan, están congelados.

En la Figura 6.2 se muestra el momento en el que se produce un etiquetado. En el ejemplo se realiza en el momento en que converge una ramificación a la versión estable. Un momento para "marcar" la versión. Lo mismo se aprecia en la siguiente convergencia o *merging*.

6.4.7. Líneas de base (*baseline*)

Una revisión aprobada de un documento o fichero fuente, a partir del cual se pueden realizar cambios subsiguientes.

Muchas herramientas de control de revisiones usarán solo uno de estos términos similares (línea base, etiquetas) para referirse a la identificación de una instantánea (etiqueta del proyecto) o el registro de la instantánea (intentarlo con línea de base X). Entonces, solo uno de estos términos, línea base, etiqueta o *tag,* es utilizado en la documentación.

En muchos proyectos algunas instantáneas son más significativas que otras, tales como los utilizados para indicar liberaciones publicadas, ramas o hitos.

Cuando los términos línea base y cualquiera de los demás, etiqueta o *tag*, son usados conjuntamente en el mismo contexto, tanto etiqueta (*label*) como *tag* normalmente se refieren al mecanismo dentro de la herramienta de identificación o realizando el registro de la imagen, y línea base indica la importancia creciente de alguna etiqueta (*label*) o *tag dada*.

6.4.8. Actualizaciones

Una actualización, también llamado **sync** o **update**, integra los cambios que han sido hechos en el repositorio que han realizado otros colaboradores en la copia de trabajo local.

Cuando un colaborador trabaja en algún elemento, rama, etc., y se da por bueno el trabajo, este actualiza el repositorio. Como ya se ha dicho anteriormente, los colaboradores trabajan sobre una copia local. Una vez que un colaborador actualiza el repositorio, las copias locales están obsoletas por lo que se debe proceder a actualizar dicha copia local.

Al proceso de actualización o escritura de los ficheros bajo control de versiones se le denomina también **integración**. Se utiliza esta nomenclatura para indicar tanto la escritura en el repositorio de los cambios realizados en la copia de trabajo como a la actualización de la copia local desde el propio repositorio. Copia local donde se incluirán los cambios realizados por otros colaboradores.

6.4.9. Congelaciones

En el transcurso del ciclo de vida de un proyecto *software* en general, y aplicaciones web en particular, es conveniente cerrar en un momento dado la versión actual. A partir de este punto se empieza a trabajar en la evolución del producto como si fuera un proyecto nuevo, pero que realmente es una continuación evolutiva. El proyecto en sí indicará qué objetivos se pretenden conseguir en el proceso de la nueva versión.

Este cierre permite revisar o volver a versiones anteriores para situaciones que lo requieran.

Un ejemplo: se cierra la versión 2.5 porque se ha detectado un fallo en la versión 2.0. y, es una suposición, que está en el producto y su versión está en garantía. Entonces, se trabaja con la versión entregada, versión 2.0, para solucionar el *bug*. ¿Por qué se debe trabajar la falla sobre la versión afectada y la última versión? Porque no se conoce el alcance del fallo y puede ocurrir que esté propagado el fallo y, en consecuencia, que la última versión sea inestable.

Al proceso de cierre temporal o foto del estado del *software* en un momento dado se la conoce también como **congelación de una versión**.

6.4.10. Gestión de conflictos

En el proceso de actualización pueden producirse conflictos. Por ejemplo, dos o más colaboradores han realizado cambios de forma autónoma sobre un documento del proyecto. El sistema debe ser capaz de gestionar estos conflictos. Este tipo de conflictos pueden no ser resueltos de forma automática, entonces necesitará la intervención de un usuario, por ejemplo, el administrador, que deberá dirimir y tomar una decisión para resolver o conciliar el conflicto generado. Por ejemplo, tomar por válido el documento de un colaborador y reservar el mismo documento modificado por si fuera necesario retomar la decisión.

Algunos sistemas lo que hacen, de forma automática, es lo siguiente:

1. El programa cliente tenía referencia del archivo en conflicto como: nombre_archivo.ext.rXX (p. e. integra.php.r05) y corresponde a la última revisión conocida por el *software*.

2. Al modificarlo se obtiene otro archivo: nombre_archivo.ext.mine.

3. En la actualización aparece otro archivo igual que el indicado anteriormente, y se genera un conflicto. El archivo resultante tendrá la forma nombre_archivo.ext.rYY. donde YY será la nueva versión que no conocía el *software* local.

4. A partir de este punto deberá resolverse el conflicto y decidir, bien a través de *software,* bien por decisión del usuario.

6.5. Buenas prácticas en control de versiones

Para realizar un control de versiones, se debe tener en cuenta una serie de consejos:

Estructurar bien el repositorio: sobre cómo afrontar este consejo hay muchas opiniones y maneras de llevarlo bien y todas pueden ser válidas. Pero el *software* **Subversion** recomienda:

Una raíz por proyecto/aplicación. Este, a su vez, contendrá las carpetas o directorios */trunk* (raíz), */branches* (ramas) y */tags* (etiquetas). Donde:

- **Trunk**: aquí estará la versión actual y estable del proyecto, también llamada "rama de producción". Debe permanecer estable siempre.

- **Tags**: son los puntos específicos en el historial de un proyecto (hitos), por ejemplo, entregas a producción. Nunca se trabajará sobre ellos.

- **Branches**: son las ramas en las que se trabaja de forma paralela a la rama principal (**trunk**). Con este sistema se evita trabajar con la versión estable.

El repositorio no es un mero almacén o *backup* de los archivos. Solo debe actualizarse cuando los archivos involucrados son estables.

¿Cuándo actualizar? Solo debe realizarse un *commit* cuando los cambios conformen una unidad lógica funcional.

Los comentarios deben ser precisos y exhaustivos. Es una buena práctica explicar correctamente lo que se ha realizado en la actualización. Se deben marcar las actualizaciones de eventos, tales como la creación de *branches*, *tags*, *labels* y *merges* de manera estandarizada en el equipo. Por ejemplo, todas las ramas que vayan precedidas por la palabra **BRANCH** (RAMA).

Antes de actualizar se debe comprobar si en el repositorio ha habido alguna modificación. Esto se consigue actualizando (*update*). Porque puede ocurrir que haya habido cambios que entren en conflicto con la rama modificada. Esto obligará a resolver el conflicto.

El *commit* será atómico. Todos los cambios que se tienen en la copia local se subirán, o no subirá nada. Es decir, se tendrá una revisión que contendrá los cambios en uno o múltiples archivos y/o en la estructura.

Actualizar la rama de trabajo frecuentemente. No subir archivos innecesarios al repositorio.

6.6. Herramientas de control de versiones de uso común

Para el sistema de control de versiones hay una gran variedad de *software* tanto propietario como de libre distribución u *open source*.

Para elegir un *software* que se ajuste a las necesidades del equipo de desarrollo, se debe decidir el modelo de trabajo que se va a utilizar. Entre el modelo cliente-servidor o centralizado y modelo distribuido.

En el ANEXO II se detalla, mediante una tabla, el *software* actualmente utilizado para el control de versiones.

6.6.1. Características

Se mencionan las características de las herramientas de control de versiones en función del modelo utilizado. Se tendrá el modelo centralizado y el modelo distribuido.

Modelo centralizado

Subversion, conocido también como **SVN**, es un sistema de control de versiones muy popular. Está preparado para funcionar en un entorno de red. Se distribuye bajo licencia libre de tipo Apache.

Subversion mantiene las ideas fundamentales de **CVS** pero ha mejorado en algunos aspectos.

Las principales características de **SVN** son:

- Mantiene versiones de archivos y de directorios.

- Mantiene versiones de los metadatos asociados a los directorios.

- Mantiene historial de todas las operaciones de cada elemento, incluyendo la copia, cambio de directorio o de nombre.

- Atomicidad en las actualizaciones. Una lista de cambios constituye una única transacción o actualización del repositorio. Con esta característica se minimiza el riesgo de que aparezca inconsistencia entre las partes del repositorio.

- Elección del protocolo de red. Subversion tiene su propio protocolo, SVN, pero puede trabajar, también, con el protocolo HTTP o HTTPS mediante extensiones WebDAV (amplía las posibilidades HTTP/1.1) que añade nuevos métodos y cabeceras. Esto permite simplificar la implantación en cualquier infraestructura de red, incluyendo acceso desde Internet.

- Soporta tanto ficheros de texto plano como binarios.

- Mejora el rendimiento del ancho de banda ya que, en las transacciones, se transmiten solo las diferencias y no los archivos completos.

- Soporta tanto archivos de texto plano como archivos binarios.

El sistema **CVS** tiene la misión de mantener el registro del historial de las versiones de la aplicación web del proyecto solamente con desarrolladores locales. Originalmente, el servidor utilizaba como sistema operativo base un producto similar a Unix. Sin embargo, actualmente existen versiones de CVS en otros sistemas operativos, incluido Windows. Los clientes CVS pueden funcionar en cualquiera de los sistemas operativos más comunes.

Varios clientes pueden sacar copias del proyecto al mismo tiempo. Posteriormente, cuando actualizan sus modificaciones, el servidor trata de acoplar las diferentes versiones. Si esto falla, por ejemplo, debido a que dos clientes tratan de cambiar la misma línea en un archivo en particular, entonces el servidor deniega la segunda actualización e informa al cliente sobre el conflicto, que el usuario deberá resolver manualmente. Si la operación de ingreso tiene éxito, entonces los números de versión de todos los archivos implicados se incrementan automáticamente, y el servidor CVS almacena información sobre la actualización, que incluye una descripción suministrada por el colaborador, la fecha y el nombre del autor y sus archivos de registro (*log*).

Los colaboradores pueden también comparar diferentes versiones de archivos, solicitar una historia completa de los cambios o sacar una "foto" (*snapshot*) histórica del proyecto tal como se encontraba en una fecha determinada o en un número de revisión determinado. Muchos proyectos de código abierto permiten el "acceso de lectura anónimo", lo que significa que los colaboradores pueden sacar y comparar versiones sin necesidad de teclear una contraseña; solamente el ingreso de cambios requiere una contraseña en estos casos.

Los colaboradores pueden utilizar la orden de actualización con el fin de tener sus copias al día con la última versión que se encuentra en el servidor. Esto elimina la necesidad de repetir las descargas del proyecto completo.

CVS también puede mantener distintas ramas de un proyecto. Por ejemplo, una versión difundida de un proyecto de programa puede formar una rama y ser utilizada para corregir errores. Todo esto se puede llevar a cabo mientras la versión que se encuentra actualmente en desarrollo y posee cambios mayores con nuevas características se encuentre en otra línea formando otra rama separada.

Modelo distribuido

Entre las características más relevantes de **GIT** se encuentra:

Desarrollo no lineal. Rapidez en la gestión de ramas y mezclado de diferentes versiones. Git incluye herramientas específicas para navegar y visualizar un historial de desarrollo no lineal.

Gestión distribuida. Git le proporciona a cada colaborador una copia local del historial del desarrollo entero y los cambios se propagan entre los repositorios locales. Los cambios se importan como ramas adicionales y pueden ser fusionados en la misma manera que se hace con la rama local.

El almacenamiento de la información puede publicarse a través de los protocolos HTTP, FTP, Rsync o mediante un protocolo nativo, ya sea a través de una conexión TCP/IP simple o a través de cifrado SSH. Git también puede emular servidores CVS, lo que habilita el uso de clientes CVS preexistentes y módulos IDE para CVS preexistentes en el acceso de repositorios Git.

Permite la gestión eficiente de proyectos grandes, dada la rapidez de gestión de diferencias entre archivos, entre otras mejoras de optimización de velocidad de ejecución.

Todas las versiones previas a un cambio determinado implican la notificación de un cambio posterior en cualquiera de ellas a ese cambio.

Los archivos que han sido renombrados están basados en su similitud con los archivos versionados.

Un ejemplo de herramienta Git es la plataforma Github (https://github.com), Figura 6.3.

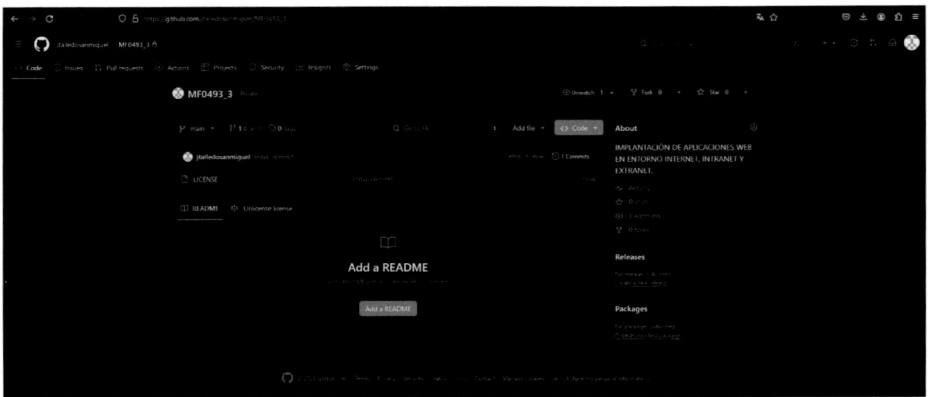

Figura. 6.3. Comienzo y desarrollo de un proyecto.
(ACTUALIZACION\CAPTURAS_ACTUALIZACION\guardadorepositorio.png)

Para el producto **Monotone** se disponen las siguientes características:

Monotone se basa en un modelo distribuido de control de versiones. Utiliza *hashes* SHA-1 en vez de número de versión en el momento de identificar archivos o grupos de archivos específicos.

Utiliza un protocolo propio que se denomina **Netsync** que es más robusto y eficiente (se puede utilizar este protocolo sobre conexiones SSH). Cualquier cliente Monotone puede actuar como servidor, debido a que no existe un servidor específico (principio *end-to-end* como comunicación directa entre extremos según diseño TCP).

Como características más relevantes, se pueden citar los siguientes:

- Buen soporte de internacionalización y localización.

- Implementado en C++ por lo que su diseño es portable.

- Puede importar proyectos CVS.

- Firma las revisiones utilizando certificados RSA.

- Su juego de órdenes es similar al de CVS.

Para el producto **Mercurial** cabe destacar las siguientes características:

Se desarrolló, casi simultáneamente, al tiempo que Git. Se trata, igualmente, de una herramienta de control de revisiones distribuido para desarrollos en Linux.

Está implementado en Python en contraposición a C, pero algunas instancias utilizan el lenguaje C en su desarrollo.

Debido a su modelo distribuido y creado en Python, los desarrolladores de Python están considerando realizar cambios en Mercurial que permitiría a los equipos de desarrolladores no centralizados tener un acceso más fácil en la creación de nuevos árboles y con posibilidad de realizar cambios reversibles.

Los usuarios que utilizan esta herramienta han notado que Mercurial comparte algunas características con SVN por tener similitudes. Entonces, el aprendizaje para ellos es más fácil, ya que necesitan menos pasos para aprender a manejar esta herramienta.

Alguno de los principales inconvenientes de Mercurial es que no permite a dos ramas fusionarse a diferencia de Git. Utiliza más bien un sistema de extensión editable. Esto puede ser ideal para algunos programadores, pero muchos encuentran en la potencia de Git una característica que no quieren perder.

Otro producto *open source* que se debe tener en cuenta es **Bazaar**:

- Multiplataforma: existen versiones para trabajar en distintas distribuciones de Linux, Windows y Mac OS X.

- Orientado a personas iniciadas y sin experiencia en este tipo de productos.

- Soporta renombrado de archivos y directorios.

- Permite obtener resultados rápidamente sin afectar al proceso de desarrollo del proyecto.

- Su mecanismo de archivado utiliza un formato eficiente y limpio.

- No necesita tener un servidor dedicado.

- Posee una arquitectura basada en *plugins*, con lo que permite dotarle de más prestaciones modulares.

- Cuenta con el patrocinio de Canonical (Ubuntu).

- Disponible bajo licencia GPL.

6.6.2. Comparativa

Sistemas centralizados		
	Subversion	Cvs
Versionado de directorios	Sistema de ficheros versionado virtual que sigue los cambios sobre árboles de directorios completos a través del tiempo. Ambos, ficheros y directorios, se encuentran bajo el control de versiones.	Solamente lleva el historial de ficheros individuales.
Verdadero historial de versiones	Se puede añadir, borrar, copiar y renombrar ficheros y directorios. Y cada fichero nuevo añadido comienza con un historial nuevo, limpio y completamente suyo.	Está limitado al versionado de ficheros, operaciones como copiar y renombrar. No reemplaza un fichero versionado con algo nuevo que lleve el mismo nombre sin que el nuevo elemento herede el historial del fichero antiguo.
Envíos atómicos	Cada fichero y directorio tiene un conjunto de propiedades, claves y valores, asociado a él. Podemos crear y almacenar cualquier par arbitrario de clave/valor que deseemos. Las propiedades son versionadas a través del tiempo, al igual que el contenido de los ficheros.	
Versionado de metadatos	Cada fichero y directorio tiene un conjunto de propiedades —claves y sus valores— asociado a él. Usted puede crear y almacenar cualquier par arbitrario de clave/valor que desee. Las propiedades son versionadas a través del tiempo, al igual que el contenido de los ficheros.	

Sistemas centralizados		
	Subversion	Cvs
Elección de las capas de red	Subversion tiene una noción abstracta del acceso al repositorio, facilitando a las personas implementar nuevos mecanismos de red. Subversion puede conectarse al servidor HTTP Apache como un módulo de extensión. Esto proporciona a Subversion una gran ventaja en estabilidad e interoperabilidad, y acceso instantáneo a las características existentes que ofrece este servidor —autenticación, autorización, compresión de la conexión, etcétera—. También tiene disponible un servidor de Subversion independiente, y más ligero. Este servidor habla un protocolo propio, que puede ser encaminado fácilmente a través de un túnel SSH.	
Manipulación consistente de datos	Subversion expresa las diferencias del fichero usando un algoritmo de diferenciación binario, que funciona idénticamente con ficheros de texto (legibles para humanos) y ficheros binarios (ilegibles para humanos). Ambos tipos de ficheros son almacenados igualmente comprimidos en el repositorio, y las diferencias son transmitidas en ambas direcciones a través de la red.	
Ramificación y etiquetado eficientes	El coste de ramificación y etiquetado no necesita ser proporcional al tamaño del proyecto. Subversion crea ramas y etiquetas simplemente copiando el proyecto, usando un mecanismo similar al enlace duro. De este modo estas operaciones toman solamente una cantidad de tiempo pequeña y constante.	
Hackability	Subversion está implementado como una colección de bibliotecas compartidas en C con API bien definidas. Esto hace a Subversion extremadamente fácil de mantener y reutilizable por otras aplicaciones y lenguajes.	

Sistemas distribuidos			
	Git	Mercurial	Bazaar
Estructura básica de binarios	Es el más potente de los tres. Tiene más de una herramienta (*git-pull, git-merge, git-checkout*, etcétera)	Es monolítico. Utiliza argumentos para realizar las distintas operaciones.	Es monolítico. Utiliza argumentos para realizar las distintas operaciones.
Fácil de utilizar	Más confuso que los otros.	Fácil en su inicio.	Fácil en su inicio.
Potencia para el usuario	Parece el más potente de los tres.		
Rendimiento	Lidera todos los términos de rendimiento. Lidera todos los *benchmarks*.		
Tamaño final del repositorio	Menos voluminoso.	Segundo.	Tercero.
Protocolos de red soportados	HTTP/HTTPS, SSH y GIT	HTTP/HTTPS o SSH.	HTTP/HTTPS y SSH. Con *plugins* puede soportar RSYNC y SFTP.
Hosting de repositorios	8	9	3
Más información en https://git.wiki.kernel.org/index.php/GitBenchmarks#bzr.2C_git.2C_and_hg_performanc e_on_the_Linux_tree			

6.6.3. Integración del control de versiones en herramientas de uso común

La integración continua es un modelo informático y consiste en hacer integraciones automáticas de un proyecto frecuentemente para, de esta manera, detectar los fallos y/o errores lo antes posible. Es una definición general porque este modelo se aplica a proyectos en general sobre aplicaciones *software*.

Centrándose en un sistema de control de versiones (CVS) se puede ejemplarizar como cada cierto periodo de tiempo (medido en horas, por ejemplo), descargarse las fuentes desde el control de versiones (por ejemplo, CVS, Git, Subversion, Mercurial o Microsoft Visual SourceSafe), ejecutar pruebas y generar informes.

Los servidores de integración más conocidos:

Cruise Control: de código abierto, gratuito y muy popular. Hay disponible mucha documentación. Este producto permite probar aplicaciones J2EE y aplicaciones en .Net.

Hudson: de código abierto y gratuito, muy popular, permite testear aplicaciones J2EE. Utilizado por SUN.

Continuum: de código abierto y gratuito. Sostenido por la fundación Apache.

Bamboo: de código abierto, pero de pago.

A menudo la integración continua está asociada con las metodologías de programación extrema y desarrollo ágil.

ACTIVIDADES

6.1. **¿Por qué es necesario realizar un control de las versiones de una aplicación?**

   a. Porque una aplicación puede dividirse en varios módulos.

   b. Porque existirá una versión con funciones diferenciadas de la anterior.

   c. Porque puede existir errores en la nueva versión que deben ser rectificados a versiones anteriores.

   d. Porque permite controlar los tiempos de creación modular.

6.2. **Si existen distintas versiones de una aplicación, ¿sobre cuál recae las actualizaciones?**

   a. Sobre cualquiera.

   b. Sobre la última.

   c. Sobre la más productiva.

   d. Sobre la más distribuida.

6.3. **En una de las versiones de la aplicación se ha detectado un fallo de seguridad. ¿Qué debe hacer el equipo de desarrollo?**

   a. Revisar y actualizar la última versión.

   b. Revisar y actualizar todas las versiones vigentes.

   c. Crear un parche para todas las versiones.

   d. Desarrollar una versión nueva que corrija el fallo.

6.4. **El sistema de control de versiones que no es necesario proporcionar.**

   a. Acceso al almacenamiento de la nube.

   b. Cambios sobre los elementos.

   c. Registro histórico.

   d. Generación de informes.

6.5. **Antes de afrontar una nueva versión se debe…**

   a. Organizar el equipo que afrontará la nueva versión.

   b. Empezar la nueva versión desde 0 y estudiar la documentación de la última versión.

   c. Reunión del equipo para decidir los cambios o mejoras en la nueva versión.

   d. Copiar la versión de referencia con toda su documentación.

6.6. Se recomienda realizar copias de los proyectos, en cuanto a sus versiones, en distintas ubicaciones. Indica si es verdadero o falso.

a. Verdadero.

b. Falso.

6.7. Se denomina repositorio a:

a. Al almacenamiento de las aplicaciones y datos.

b. Al almacenamiento de la última versión.

c. Al almacenamiento de los datos.

d. Al almacenamiento de las aplicaciones del sistema operativo.

6.8. Se denomina *changeset* a:

a. Árbol de todos los cambios producidos.

b. Hilos de las modificaciones generadas.

c. Conjunto de cambios que se dan por válidos.

d. Conjunto de cambios que pueden ser tratados como un grupo indivisible.

6.9. Se denomina "revisión" a:

a. Todos los cambios documentales.

b. Todos los cambios documentales, programas, etcétera.

c. Todas las modificaciones de programas.

d. Todos los cambios que genera cada uno de los miembros del equipo.

6.10. Se denomina *commit* a:

a. La confirmación de una revisión.

b. La creación de un hilo de desarrollo.

c. La integración, en el repositorio, de los cambios realizados en una copia local.

d. No existe tal denominación.

6.11. El *check-out* implica…

a. La obtención de una copia local del proyecto proveniente del repositorio.

b. Abrir un hilo de seguimiento.

c. Cerrar un hilo de seguimiento.

d. No existe tal denominación.

6.12. ¿En qué consiste *merging*, o 'integración'?

a. La unión de sucesivos cambios producidos en un proyecto.

b. A la revisión y la integración de sucesivos cambios en el proyecto en un momento dado.

c. A la revisión y descarte de los cambios producidos dando validez a uno solo.

d. A la reunión del equipo que dará validez a cambios producidos o descartarlos y dejarlos listos para una posterior revisión definitiva.

6.13. *Tag*, o 'etiqueta', es...

a. Etiqueta de un cambio válido.

b. Etiquetado del miembro del equipo que realiza modificaciones.

c. Etiquetado de una revisión.

d. Etiquetado de la versión.

6.14. *Baseline*, o 'líneas de base', es ...

a. Líneas de seguimiento tomadas al inicio del proyecto.

b. Líneas de seguimiento en general.

c. Revisión de las directrices del coordinador

d. Revisión aprobada de un documento o fichero fuente

6.15. Una actualización es....

a. El momento de integración de los cambios en el repositorio.

b. La versión definitiva para poner el producto en versión beta.

c. La integración de los cambios que han pasado a definitivos.

d. El cierre de un ciclo.

6.16. ¿Qué problema puede ocurrir cuando se han realizado, simultáneamente, cambios en un documento?

a. Conflicto de versiones.

b. Ninguno, el sistema los separará en versiones distintas.

c. Borrado accidental.

d. El archivo existe pero está sin contenido.

6.17. ¿Qué modelo no corresponde con las herramientas de gestión de versiones?

a. Modelo centralizado.

b. Modelo distribuido.

c. Modelo vista-controlador.

d. Todas son correctas.

6.18. Para un control de versiones, ¿qué no es recomendable?

a. Generación automática de ramas aleatorias.

b. *Trunk.*

c. *Tags.*

d. *Branches.*

6.19. Una "congelación" es…

a. Cierre de versión y continuación con nueva versión.

b. Un cierre temporal del proyecto por causa de fuerza mayor. P. e.: fallo en una versión anterior que debe revisarse si perdura en las nuevas.

c. Cierre del proyecto hasta que el coordinador del equipo considere que puede ser rentable retomarlo.

d. No existe esa nomenclatura para la gestión de versiones.

6.20. Durante el proceso de actualización de versión, 3.0, se ha detectado un fallo de uno de los programas, actualmente se está en la versión 3.2. ¿Qué debe hacerse?

a. Crear una rama.

b. Etiquetar.

c. Cambiar las extensiones.

d. Congelación.

ACTIVIDAD PRÁCTICA

Realizar los pasos necesarios para evolucionar una aplicación web.

El repositorio se hará mediante el sistema de centralizado. Es decir, se configura un servidor y todos trabajarán contra dicho servidor.

7. Documentación de aplicaciones web

Introducción

En el momento de desarrollar la documentación de una aplicación web se debe prever a quién va dirigida esta documentación. Si es un equipo técnico, un usuario. Se entiende que el equipo técnico son todas aquellas personas que han colaborado en la consecución del objetivo y la documentación que se genere es de carácter técnico e interno. El usuario genérico es la persona o grupo de personas a quien va dirigida la aplicación web.

Para el grupo técnico existen elementos que deben tenerse en cuenta en la documentación como ocurre en cualquier producto *software*. Por ejemplo: a la hora de codificar un programa, este debe tener los suficientes comentarios para entender por qué se han realizado ciertas acciones en dicho programa. Es decir, comentarios indicando la fecha de creación, modificación, autor, nombre del programa, sus entradas, etc.; explicar las variables globales que utiliza el programa, variables locales; qué acción realiza una función, cuál es su entrada y qué salida genera, etcétera.

Pero dentro del grupo "usuarios" habrá personas que mantendrán la aplicación web y estarán con el rol de administradores, jefes de departamento, etc. Entonces, habrá que diferenciar documentalmente estas distinciones, puesto que el desempeño de una tarea no tendrá relación directa con otras.

Habrá que tener en cuenta los siguientes elementos para la documentación que incluirá el producto:

- Ficheros de ayuda. Formatos que se van a utilizar.

- Herramientas de generación de ayudas.

- Ayuda genérica y sensible al contexto.

- Tablas de contenidos, índices, sistemas de búsqueda, entre otros.

- Incorporación de la ayuda a la aplicación.

- Tipos de manuales: manual de usuario, guía de referencia, guías rápidas, manuales de instalación, configuración y administración. Destinatarios y estructura.

- Confección de tutoriales multimedia. Herramientas de captura de pantallas y secuencias de acciones.

- Herramientas para la confección de tutoriales interactivos; simulación.

Contenido

7.1. Características generales de la documentación. Importancia en el ciclo de vida *software*

Cualquier producto, y el correspondiente al *software* no escapa a esta definición, tiene un ciclo de vida útil. Y si la aplicación tiene un ciclo de vida, la documentación también.

¿Qué ocurre si la aplicación web evoluciona hacia otra versión? En este caso se debe revisar toda la documentación. De igual manera que habrá que realizar un control de versiones para la aplicación, la documentación relativa a dicha aplicación debe estar incluida en el proyecto de la versión en la que se esté trabajando como parte integrante del proyecto.

La documentación generada y que se entrega a la persona responsable de la recepción del producto se divide en dos categorías: interna y externa.

- De carácter interno: es aquella que se crea en el mismo código, ya puede ser en forma de comentarios o de archivos de información dentro de la aplicación. También contendrá anexos documentales sobre el producto para consumo técnico.

- De carácter externo: es aquella que se escribe en cuadernos, libros y/o soportes electrónicos (página web, archivos RDF —*Resource Description Framework,* o marco de descripción de recursos—, vídeos, etc.), totalmente ajena a la aplicación en sí.

No olvidemos que se las aplicaciones web se mueven entre programas que utilizan un intérprete para ejecutarse. Esto implica que los programas, que son meros archivos para el servidor web, son accesibles por aquellas personas que tengan acceso al servidor donde esté alojada la aplicación web.

7.2. Organización y estructura básica de documentos

Se debe definir el formato y estructura de todos los documentos en función del destino que se le va a dar. Esto implica desarrollar distintos tipos de plantilla que cumplan con unos requisitos como uniformidad de formato y estructura, calidad de presentación, etcétera.

¿Qué debe tener predefinido una plantilla?

Caracteres de la presentación: un conjunto de características perceptibles (gráficas, orales, visuales) generadas por medio de instrucciones de códigos y de programas, y capaces, cuando se usan individualmente o en combinación, de presentar un mensaje a los sentidos de quien lo lee.

Presentación general: información completa de la configuración del documento, es decir, la manera en que el contenido es presentado a los sentidos de quien lo lee.

Fuente: información del tipo de letra, tamaño, interlineado del documento, color. Cuando se pueden determinar cambios de fuente para realzar, indicar título, etcétera.

Imagen: cómo situar una imagen dentro del contexto del documento.

Resolución de la imagen.

7.3. Gestión de versiones de documentos

Dentro del proyecto de una aplicación web deben incorporarse los mecanismos necesarios para mantener viva la documentación del producto final que será la aplicación web diseñada.

Para el desarrollo de toda la documentación, sin duda, requiere conocer de antemano qué tipo de documentación se va a desarrollar, independientemente de si es de consumo interno o de consumo por parte del destinatario de la aplicación.

Primero de todo se debe definir dónde se debe guardar la documentación interna de la aplicación web y dónde la destinada al usuario final.

Para lo cual se dispondrá de dos ramas de documentación: interna y externa.

En cuanto a la documentación de los programas es el propio programador o desarrollador el encargado de comentar todos aquellos elementos y aspectos del programa que sean relevantes para el propio programa: como ejemplos se cita que al comienzo del programa se realice una pequeña introducción de las funcionalidades que se pretenden con el programa, autor, fecha de creación, modificación, etc.; comentarios sobre las variables utilizadas; comentarios de algoritmos y funciones, como qué valores de entrada necesitan y qué valores de salida, y qué tipo de valor pueden resolver.

En el proyecto se incluirán decisiones tales como definir qué tipo de formatos de archivos documentales se realizarán, si se utilizará un *software* específico y los documentos deben tener el formato por defecto de dicho *software*, etc. Por ejemplo: si se utiliza el *software* OpenOffice u Office de Microsoft, etcétera.

En principio, para la gestión de versiones podemos seguir utilizando el sistema de control de versiones de las aplicaciones web. Porque la casuística de estos documentos no difiere de los archivos que se generan en la aplicación web.

7.4. Tipos de documentación

En los siguientes subapartados se irá desgranando los distintos tipos de documentación que el equipo de desarrollo deberá ir afrontando.

7.4.1. De requerimientos

Antes de entrar de lleno en un proyecto, se debe perfilar a qué objetivos se pretende llegar. Una vez que el equipo del proyecto tiene claros esos objetivos, debe conocerse qué requisitos son necesarios para poner en marcha el proyecto.

En la Figura 7.1 se puede observar una plantilla tipo con su índice de navegación. Los encargados de realizar la documentación irán rellenando los distintos apartados siguiendo esta estructura.

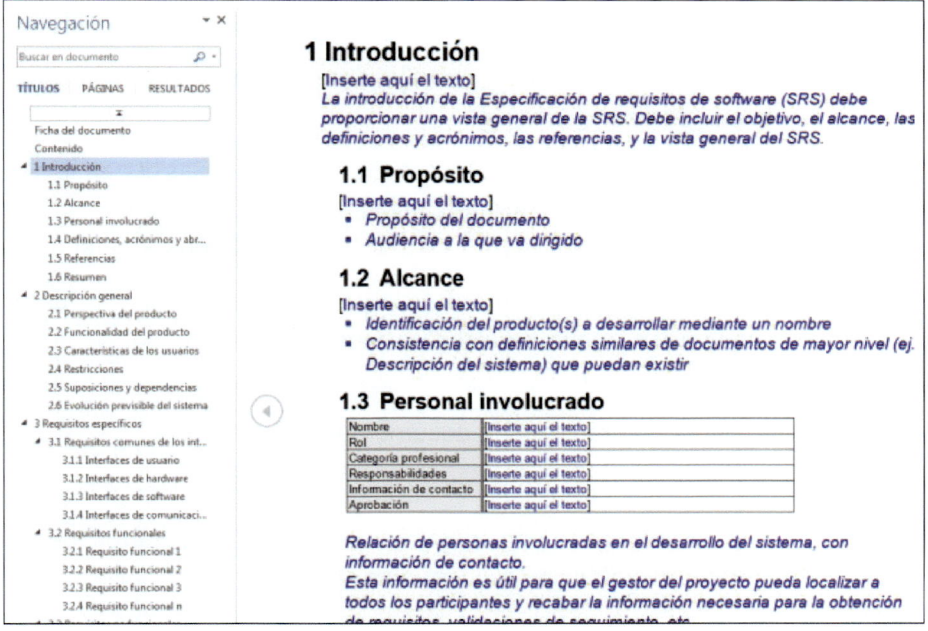

Figura. 7.1.

Estos requerimientos deben ser:

* Requerimientos de usuario: el conjunto completo de resultados que deben ser obtenidos utilizando la aplicación. Las declaraciones se realizarán en un lenguaje natural y se desarrollarán diagramas de los servicios que se espera que el sistema provea y de las restricciones bajo las cuales debe operar.

Se deben describir los requerimientos funcionales y no funcionales de tal forma que sean comprensibles por los usuarios del sistema y del producto *software* (aplicación web) que no posean un conocimiento técnico detallado. Únicamente se especifica el comportamiento externo del sistema y la aplicación web, y evitar en lo posible las características de diseño de la aplicación web.

- Requerimientos de sistema: conocer con detalle lo que el sistema debe hacer más las restricciones sobre la funcionalidad de la aplicación. Establecer con detalle los servicios y restricciones tanto del sistema soporte como de la propia aplicación web. Debe ser lo más preciso posible.

Se puede considerar que sirve como un contrato entre el destinatario del producto y el equipo de desarrollo de la aplicación web.

La especificación de requerimientos del sistema incluye diferentes modelos del sistema como el de objetos o el de flujo de datos.

¿Cómo identificar los requerimientos?

- Los requerimientos empiezan desde el primer contacto con el destinatario o destinatarios de la aplicación.

- Para desarrollar los requerimientos se pueden utilizar diversas herramientas de trabajo como entrevistas con intercambios de ideas, *brainstorming* ('tormenta de ideas'), prototipado del producto final, cuestionarios, etcétera.

Una vez identificados los requerimientos se logrará redactar un nivel de detalle y se podrá concluir un documento que se denomina "especificación de requerimientos".

¿Qué beneficios se obtendrán de esta documentación?

- Mejor control de complejos proyectos.

- La calidad del producto *software* mejorará desde sus inicios enfocando el producto hacia la satisfacción del destinatario.

- Estudio, desde sus inicios, de los tiempos de trabajo reduciendo las desviaciones que redundarán en la reducción de costes.

- Facilita la conformidad con estándares y regulaciones. Y, ¿qué problemas se pueden encontrar?

- Pueden existir fallos en las fuentes de datos.

- La transmisión de las ideas puede no corresponder exactamente a lo expuesto sobre el papel.

- Las ideas expuestas pueden variar con el tiempo que dura el proyecto.

7.4.2. De arquitectura y diseño

Existen varias alternativas para documentar una arquitectura de *software*. En este apartado se verá un punto de referencia sobre esta práctica.

En la Figura 7.2 se muestra el índice con los posibles apartados que se necesitan a la hora de diseñar la arquitectura del proyecto.

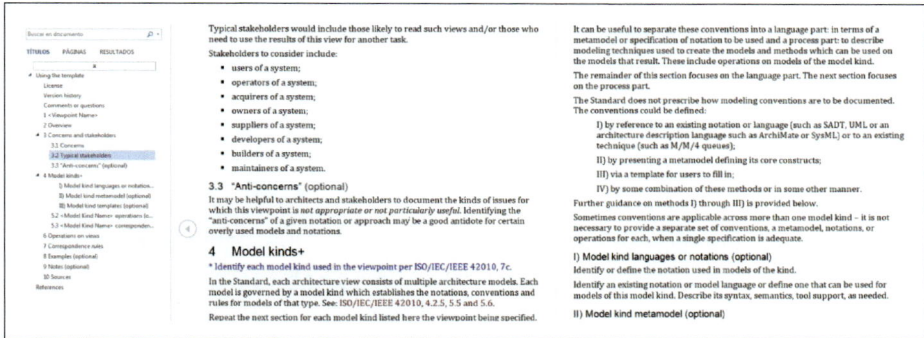

Figura. 7.2.

La arquitectura y diseño de *software* se documenta a través de un conjunto de vistas. Cada vista representará un aspecto o comportamiento particular de la aplicación web.

¿Cómo se puede enfocar esta documentación? El modelo **vistas 4+1** es muy conocido.

Está compuesto de cinco tipos de vista:

- Vista lógica: modela elementos que soportan la funcionalidad que el sistema provee al usuario final de un punto de vista estático o dinámico mediante diagramas tales como clases, paquetes y secuencia.

- Vista de procesos: esta vista opcional modela los aspectos dinámicos del sistema y captura aspectos tales como concurrencia y sincronización mediante diagramas tales como el de actividades.

- Vista de desarrollo: modela la organización estática del *software* en su ambiente de desarrollo, típicamente mediante diagramas de componentes.

- Vista física: modela el mapeo del *software* con el *hardware*, típicamente con diagramas de implantación.

- Vista casos de uso: esta es la vista adicional (+1) que es central al modelo y que agrupa escenarios de casos de uso principales. Para su representación se puede usar un diagrama de casos de uso acompañado de descripciones textuales de los escenarios. Las otras vistas deben permitir comprender la manera en que los escenarios de casos de uso son soportados por la arquitectura.

Para saber más...

Se dispone como referencia las recomendaciones del estándar IEEE 1471. En la página web http://www.iso-architecture.org/ieee-1471/ se encontrarán las sugerencias sobre documentación según este estándar.

7.4.3. Técnica

La documentación técnica son informes externos. ¿Qué significa informes externos? Se ha comentado anteriormente que es habitual y conveniente comentar los códigos fuente de todos los programas.

La documentación técnica debe describir, con profundidad, las características técnicas y funcionamiento de la aplicación web.

Este tipo de documentación va dirigido al equipo técnico del proyecto como, por ejemplo, los programadores, los diseñadores. Se utilizará para dar mantenimiento al producto durante su vida útil.

¿Qué elementos debe contener una documentación técnica?

- Propósitos y funcionamiento del programa.

- Esquema lógico del funcionamiento del programa.

- Nuevos tipos definidos, principales variables globales, archivos utilizados, etcétera.

- Explicación de fórmulas, algoritmos y procesos complejos.

- Especificación de datos de entrada y datos de salida.

- Formato de los archivos y de las pantallas.

- Datos utilizados en las pruebas.

- Puntos débiles y futuras expansiones.

- Guía de referencia de rutinas.

- Diagramas y pseudocódigo.

- Listado del programa fuente.

- Otras características técnicas.

Este manual suele quedarse en el lugar de desarrollo, tanto para futuros cambios, como para verificar que fue correctamente instalado; por ejemplo, si una vez que el programa ha sido puesto en funcionamiento ocurre un error, los datos de prueba servirán como parámetro para tratar de detectar cuál fue el percance. Otra información útil que puede tener este manual es el tamaño (en *bytes*) de los archivos ejecutables, pues un cambio inesperado podría sugerir la presencia de un virus. Otro de los puntos interesantes son los puntos débiles, mencionarlos puede servir para saber por dónde podría fallar el programa en algún momento o por dónde se le puede mejorar. Si usted ha trabajado con componentes electrónicos, seguramente conocerá la importancia del manual que detalla todas las características y funcionamiento de los mismos. Otro ejemplo de documentación técnica son los manuales que describen elementos importantes de una computadora, como su mapa de memoria, asignación de puertos o interrupciones, y los libros que indican los parámetros de esas interrupciones y su propósito.

7.4.4. De usuario: tutoriales, por temas y glosarios

¿Qué es una documentación de usuario? Se trata de un documento de comunicación técnica que busca proporcionar asistencia a los sujetos que utilizarán un producto que en este caso será una aplicación web. Más allá de su especificidad, los autores de los manuales intentan apelar a un lenguaje ameno, sin mucha literatura y simple para llegar a la mayor cantidad posible de receptores.

A la hora de escribir un manual de usuario generalmente no se pone especial empeño en desarrollarlo en las etapas de desarrollo de un producto *software*. Esto requeriría tener en el equipo de desarrollo técnicos y escritores cuyo trabajo consistiría en crear manuales para usuarios. Esta dedicación suele recaer sobre miembros del propio equipo de desarrollo.

Como punto de referencia, a la hora de afrontar un tutorial se podría considerar estas afirmaciones:

- Si escribe un manual, debe conocer bien el producto. Es importante utilizar el producto tanto como sea posible. De esta experiencia se anotarán impresiones a medida que se vaya utilizando. Se debe tener en cuenta que el escritor del manual hace, por así decirlo, de intermediario entre los constructores del proyecto y el usuario que lo va a utilizar.

- Debe analizar el público a quien va dirigido. Si es el intermediario y transmisor de conocimiento de la aplicación web debe saber quién leerá y utilizará la documentación.

- Si hay procesos complicados e importantes, realizar también un resumen. Ha de tenerse en cuenta que es imposible documentar todos los posibles casos y escenarios y en ocasiones tendrá que resumir actuaciones para que el usuario no se pierda en la literatura.

Hacer una descripción detallada de los programas de la aplicación web. Incluir para qué se necesita el programa y cómo se puede obtener beneficio del mismo. Por ejemplo, si la aplicación web trata de un CAU (centro de atención al usuario), explicar cómo se puede hacer más sencillas las tareas de atención al cliente (si ya está en la base de datos, enlazar con el programa de inserción de datos y proseguir con la atención al cliente).

Desglosar los procesos más importantes para el usuario final. Al usuario final le dará una visión más acertada de los pasos que debe aprender primero.

Es bueno apoyarse de ayudas visuales como fotografías, imágenes, infografías, etcétera.

- A la hora de redactar los distintos procesos de la aplicación web es buena idea que el producto esté enfrente. Se debe probar todos los procesos que se están explicando para verificar que funciona tal y como lo se expresa en el manual.

- Probando el manual. Es interesante encontrar a alguien que trabaje con la aplicación web tomando como referencia el manual desarrollado.

- Igual que en la aplicación web, el manual de usuario debe probarse, bien con un usuario que desconoce la aplicación, bien con un miembro del equipo a quien va destinado la aplicación web.

- Si en las pruebas de la documentación de usuario surgen inconvenientes o errores que no son debidos a la propia documentación debe ponerse en contacto con el equipo de desarrollo de la aplicación para resolverlo.

Normalmente un tutorial de uso de la aplicación web tendrá los siguientes apartados:

- Breve introducción y descripción de la aplicación.

- El contenido separado por temas: con una serie de subtemas con elementos aclaratorios sobre procesos con mayor o menor complejidad.

- Glosario de términos de uso común en la aplicación y, dadas las peculiaridades técnicas, este tipo de palabras no están al alcance de cualquier usuario de la aplicación.

- Un breve directorio en caso de que la documentación sea insuficiente: forma de contacto como nombre de la empresa, soporte técnico, dirección de correo, teléfono de atención al cliente, correo electrónico, etc.

En la Figura 7.3 se observa un ejemplo de ayuda online. El icono interrogante (?) indica información relativa al cuadro de diálogo cercano.

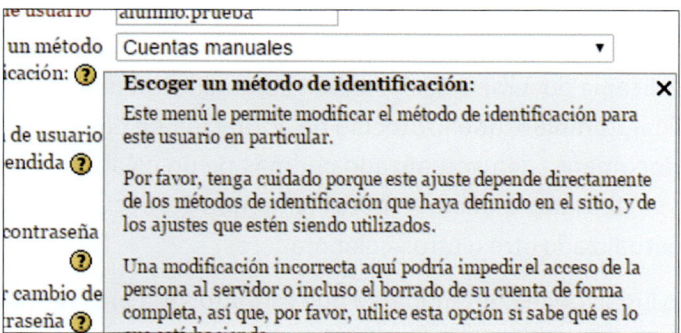

Figura. 7.3.

7.4.5. Comercial

La documentación comercial difiere de las vistas hasta ahora. Esta documentación tiene una finalidad específica, vender el producto.

Para la realización de este tipo de documentación debe exponerse la aplicación web como una herramienta eficiente que resuelve una problemática concreta.

Para ello, se deberán exponer detalladamente los casos en los cuales la aplicación web puede ser una solución. Por ejemplo, una CAU necesita de una infraestructura ágil, rapidez en la obtención de datos, herramientas de acceso rápidas, soluciones FAQ (preguntas más frecuentes) por si encaja la consulta con lo solicitado, registrar la incidencia y si está resuelta, etc. Y una vez que está reflejada la problemática se desgranan todas las características de la aplicación que consigue resolver.

En el caso de la documentación comercial, estas características se documentan sin entrar en detalles profundos y es conveniente acompañar la documentación con imágenes alegóricas. Por ejemplo, siguiendo el caso anterior mostrar una captura de pantalla con los datos de un cliente ficticio con todos los datos accesibles y visibles en la captura de imagen.

7.5. Formatos de documentación

La documentación, en aplicaciones web, es muy variada porque utiliza distintos sistemas de documentación entendiendo sistema como soporte. Toda la documentación podrá estar en papel o digital.

La documentación digital tiene muchos formatos que deben valorarse a la hora de construir la documentación.

En primer lugar, debe considerarse qué formato es el más adecuado a la hora de poder realizar la documentación: añadir contenido, modificar y/o borrar. Se deberá indicar, también, qué protocolo de actuación se debe aplicar cuando un mismo documento sea actualizado por más de un colaborador. Así se evitará que un colaborador elimine o altere elementos del documento que ha modificado o actualizado otro u otros colaboradores.

En segundo lugar, debe contemplarse qué formato será el definitivo a la hora de entregar dicha documentación. Este segundo punto se refiere más a los documentos que serán entregados al destinatario del producto en el caso de la documentación del usuario y al público en general en el caso de la documentación comercial.

7.5.1. Documentos

Lo que sí se debe tener en cuenta es que a la hora de realizar la documentación se debe ser cuidadoso con aspectos aparentemente estéticos que pueden facilitar la lectura. Así que se deberían tomar, como referencia, las siguientes recomendaciones:

Elegir fuentes legibles. Aunque los sistemas operativos actuales permiten utilizar muchas fuentes diferentes, el objetivo de un manual de usuario es buscar que sea fácilmente legible y no su aspecto estético. Para conseguir este objetivo, lo mejor es elegir un número reducido de fuentes que se vean bien juntas. Como recomendación, se pueden dividir las fuentes en dos grupos: las fuentes *serif* y las fuentes *sans serif*.

Las **fuentes *serif*** tienen pequeñas líneas de adorno al final de los trazos principales que forman la letra. Algunas fuentes *serif* son: Times New Roman, Baskerville y Book Antiqua. Las fuentes *serif* funcionan mejor en grandes fragmentos de texto impresos en el cuerpo principal del manual de usuario en un tamaño de 10 o 12 puntos.

Las **fuentes *sans serif*** solo tienen trazos que forman las letras, sin adornos. Algunas fuentes *sans serif* son: Arial, Calibri y Century Gothic. Las fuentes *sans serif* se pueden utilizar en grandes fragmentos de texto en tamaños de 8 a 10 puntos en un PDF o en un manual en Internet, aunque la falta de *serifs* ('serifas') hace que las oraciones escritas en tamaños de 12 puntos o más sean difíciles de leer. Sin embargo, se pueden utilizar de manera efectiva en tamaños más grandes para los títulos y encabezados, y además son muy buenas en tamaños más pequeños para pies de página y números en columnas y tablas.

Una vez que haya elegido las fuentes que vaya a utilizar, es conveniente crear una página de muestra para verificar que las fuentes se ven bien juntas en el papel. También debería mostrarle esta muestra a la persona que deba aprobar la apariencia del manual antes de continuar escribiéndolo.

Estas recomendaciones son válidas tanto para documentación en papel como en soporte digital. Se debe estudiar qué formato es el más adecuado para que exista una mayor compatibilidad tanto de la documentación en soporte papel como en soporte digital.

7.5.2. Documentación en aplicaciones. Formatos de ayuda

Una vez que se tienen definidos los formatos de la documentación y las fuentes en las que se trabajará, deben definirse qué tipos de ayuda soportará nuestra aplicación web.

Las aplicaciones de escritorio utilizan una documentación de ayuda que se encuentra en el equipo donde se ha instalado la propia aplicación. Sin embargo, en las aplicaciones web, al estar alojadas en un servidor, la ayuda estará accesible también en el servidor web.

La ventaja que tienen las aplicaciones web es su formato de presentación. Se pueden utilizar las herramientas web para crear enlaces dentro de la aplicación web hacia archivos HTML de ayuda.

Esta ventaja es añadida en cuanto que no necesita un documento único con un único índice a modo de manual clásico. Se pueden crear ayudas dentro de la propia aplicación en cada uno de los programas o interfaces especializando las ayudas hacia el instante que se necesiten. Por ejemplo, si se están añadiendo clientes y se observan apartados que no están claros es posible enlazar la ayuda específica, donde se indicará qué proceso se realiza, para qué se utiliza y por qué.

7.5.3. Documentación en línea. Wikis

Se podría decir, sin temor a equivocarse, que la documentación en línea es aquella en la que no interviene un procesador de textos al uso, como Word de Office, Writer de OpenOffice, etcétera.

Con este sistema se consigue que toda la documentación esté centralizada y organizada por un *software* del tipo servidor.

En la Figura 7.4 se observa un *software* de edición alojado en un servidor en la nube, en este caso Google Docs, donde se aprecia la edición simultánea del documento por dos usuarios.

Figura. 7.4.

Actualmente, se dispone en Internet de un concepto nuevo como es la nube. Hay empresas que ofrecen servicios de nube como las ya conocidas Google, Microsoft, Dropbox y otras.

Este sistema permite compartir información grupal. Es decir, el equipo de proyecto, por ejemplo, puede acceder a una zona del espacio contratado y compartir información. Además, estas compañías permiten la edición de documentos *online*, en la que varios integrantes de un mismo equipo pueden editar el mismo documento.

Incluso se puede sincronizar con archivos en el equipo local donde se está trabajando. La actualización consistirá en comprobar los archivos del servidor con los que están en local. Si no existe, se crea el archivo en local. Si se modifica en local, se actualiza la copia del servidor, y viceversa. A este sistema se le llama sincronización de archivos.

¿Esto solo puede hacerse con organizaciones externas? No, ya hay *software* implementado que permite crear una nube privada como, por ejemplo, **Own-Cloud** (https://owncloud.org/).

¿Qué es una *wiki*? Según Wikipedia, es el nombre que recibe un sitio web cuyas páginas pueden ser editadas directamente desde el navegador, donde los usuarios crean, modifican o eliminan contenidos que, generalmente, comparten.

Todo el mundo conoce qué es Wikipedia y lo importante que llega a ser como referencia de ayuda para los usuarios de Internet.

En la Figura 7.5, logotipo de Wikipedia.

Pero ¿qué es una *wiki*? En definitiva, una *wiki* es una aplicación web tipo CMS (gestor de contenidos), cuyo diseño está enfocado a la creación de contenidos que permite a todos los internautas acceder y participar; se pueden crear o editar fácilmente contenidos sin precisar ninguna herramienta técnica. Lo único necesario es un ordenador con conexión a Internet.

Figura. 7.5.

Una *wiki* está siempre en revisión constante. No hay un único autor; todos participan, o pueden participar, aportando información de forma colaborativa.

¿Cómo puede encajar este elemento en la documentación de una aplicación web? Lo interesante de este método es la versatilidad. Podemos abrir una línea colaborativa para el proyecto de tal manera que, por ejemplo, los diseñadores gráficos y web puedan realizar la documentación a medida que va avanzando el proyecto. Esto es posible porque pueden tener líneas separadas en el proyecto. Es decir, uno o varios usuarios pueden trabajar en la documentación de su apartado al margen de la documentación del resto de áreas.

La principal ventaja es que dicha documentación está viva en todo el proceso de desarrollo del proyecto y aun después puede seguir editándose y mejorando. No necesita estar integrada en la propia aplicación web, sino que puede estar enlazada desde la propia documentación como enlace externo.

7.6. Estándares de documentación

¿Qué es un estándar? Es un conjunto de criterios documentados para determinar la adecuación de una acción u objeto. Un estándar puede ser desarrollado por una compañía, una institución u organización.

Esta documentación puede ser un elemento tangible, que será percibido por el usuario del producto *software*. Las organizaciones más conocidas con respecto a estándares de *software* son: ISO/IEC 26514:2008 (www.iso.org), IEEE 830 (www.ieee.org), PMBOK (www.pmi.org) e ITIL (https://www.itlibrary.org /).

ISO/IEC 26514:2008: estos estándares forman un conjunto de sugerencias para realizar la documentación de usuarios para diseñadores y desarrolladores. Estas definen todo el proceso de la documentación desde el punto de vista del desarrollador. El enfoque consiste en tratar la documentación como producto en cuanto a su estructura, contenido y formato.

Estos estándares se utilizan para:

- Documentación de distintos productos *software*.

- Documentación de sistemas de animación, vídeo y sonido.

- Documentación de programas de capacitación especializados.

- Documentación de administradores de sistemas que no son usuarios finales.

- Documentación que describe el funcionamiento interno de los sistemas de *software*.

- Documentación incorporada en la interfaz de usuario.

El estándar **IEEE 830** sugiere una serie de puntos que se deben tener en cuenta para realizar un documento de requerimientos *software*.

Esta documentación consta de:

- Introducción.
    - Propósito.
    - Ámbito del sistema.
    - Definiciones, acrónimos y abreviaturas.
    - Referencias.
    - Visión general del documento.

- Descripción general.
    - Perspectiva del producto.
    - Funciones del producto.
    - Características de los usuarios.
    - Restricciones.
    - Suposiciones y dependencias.
    - Requisitos futuros.
- Requisitos específicos.
    - Interfaces externas.
    - Funciones.
    - Requisitos de rendimiento.
    - Restricciones de diseño.
    - Atributos del sistema.
    - Otros requisitos.
- Apéndices.

PMBOK: es un estándar en la administración de proyectos. Comprende dos grandes secciones: la primera sobre los procesos y contextos de un proyecto, y la segunda sobre las áreas de conocimiento específico para la gestión de un proyecto.

Los grupos básicos de control son: iniciación, planificación, ejecución, seguimiento y control y cierre.

En cuanto a las áreas de conocimiento son: gestión de la integración del proyecto, gestión del alcance del proyecto, gestión del tiempo del proyecto, gestión de los costes del proyecto, gestión de calidad del proyecto, gestión de los recursos humanos del proyecto, gestión de las comunicaciones del proyecto, gestión de los riesgos del proyecto y gestión de las adquisiciones del proyecto.

ITIL (biblioteca de infraestructura de tecnologías de la información): es un conjunto de mejoras prácticas para la dirección y gestión de servicios de tecnologías de la información en lo referente a personas, procesos y tecnologías, desarrollado por la OGC (Office of Government Commerce). Y sus objetivos son: reducir costes, mejorar la calidad del servicio y aprovechar al máximo las habilidades y experiencias del personal.

7.7. Herramientas de documentación

Las herramientas de documentación para productos *software*, en general, vendrán determinadas por el lenguaje de programación que se utilice en el desarrollo del producto *software*. Es decir, no será lo mismo que el producto *software* esté desarrollado con lenguaje C++, Visual Basic, Delphi, Java, PHP o ASP.NET. Ahora bien, en nuestro caso solo nos circunscribimos a aquellos lenguajes que se utilicen en el desarrollo de aplicaciones web.

Habrá una primera aproximación a la documentación mediante los procesadores de texto como Microsoft Word, OpenOffice o LibreOffice que son adecuados para crear archivos de texto de la documentación por separado, siempre y cuando la documentación sea bastante corta y sencilla. Para archivos de texto largos y complejos, muchos escritores técnicos prefieren herramientas de documentación como Adobe FrameMaker (https://www.adobe.com/es/products/framemaker.html).

Herramientas		
Nombre	Características	Web
RoboHelp	El *software* Adobe RoboHelp le permite entregar contenido diferenciando contenido mediante diferentes pantallas utilizando multipantalla HTML5. Generando salidas HTML5 con un simple clic o publicando contenido en formatos EPUB 3, KF8 y MOBI. Mantenimiento eficaz utilizando Microsoft SharePoint y almacenamiento integrado en la nube. Colaboración sin problemas con temas compartidos y revisiones basadas en PDF.	https://www.adobe.com/es/products/robohelp.html
Help and Manual	Crea sistemas de ayuda y manuales de utilización de programas.	https://www.helpandmanual.com/
Doc-To- Help	Crea ayuda *online*, documentación y manuales desde esta solución única. Se puede utilizar este producto con Microsoft Word para producir ayuda de escritorio, ayuda *online*, web, móvil, *ebook* y ayuda en papel.	https://www.doctohelp.com/

Herramientas		
Nombre	Características	Web
MadCap Flare	Este producto permite satisfacer las necesidades de crear documentación técnica para ayuda *online*, documentación para *software*, manuales de procedimientos y guías para usuarios.	https://www.madcapsoftware. com/products/flare/
HelpLogix	Permite crear su propio contenido de tutoriales de ayuda. Permite añadir y editar páginas, así como capítulos, etcétera.	http://www.patentsteward.com/ page10/page16/
Drexplain	Dr.Explain produce documentación en formatos HTML (manuales en línea), CHM (archivos de ayuda MS Windows®), RTF y PDF desde una sola fuente.	https://www.drexplain.es/

7.7.1. Generación automática de documentación técnica

Un generador de documentación es una herramienta de programación que genera documentación destinada a los programadores y/o a usuarios finales a partir de un conjunto de código fuente especialmente documentado, y en algunos casos, archivos binarios.

Dado que cada lenguaje de programación tiene unas características propias que les hace únicos, no habrá un *software* general que abarque la generación de todos los lenguajes. Lo que sí está claro es que la generación se realizará tomando como referencia el código fuente de los programas. En el caso de programas para la construcción de aplicaciones web se dispone de *software* específico que realizará estas funciones.

Este *software* especializado necesita que los programas, de los que se desea realizar la generación de documentación, implementen internamente su lenguaje de programación específico necesario para interpretar qué elementos del programa deben ser generados. Estas instrucciones deben estar incluidas en los programas dentro de las zonas de documentación (comentarios), nunca deben estar como instrucciones que ejecute el intérprete del propio lenguaje, pues generará errores.

En la Figura 7.6 puede observarse un ejemplo. Se trata de una porción de código de Moodle y se observa una instrucción, **@package**, que corresponde a una instrucción que no es propia de PHP, sino de PHPDOC. El intérprete de PHP no lo tendrá en cuenta por estar la línea comentada, pero PHPDOC ejecutará la instrucción.

```php
<?php

// This file is part of Moodle - http://moodle.org/
//
// Moodle is free software: you can redistribute it and/or modify
// it under the terms of the GNU General Public License as published b
// the Free Software Foundation, either version 3 of the License, or
// (at your option) any later version.
//
// Moodle is distributed in the hope that it will be useful,
// but WITHOUT ANY WARRANTY; without even the implied warranty of
// MERCHANTABILITY or FITNESS FOR A PARTICULAR PURPOSE.  See the
// GNU General Public License for more details.
//
// You should have received a copy of the GNU General Public License
// along with Moodle.  If not, see <http://www.gnu.org/licenses/>.

/**
 * Moodle frontpage.
 *
 * @package    core
 * @copyright  1999 onwards Martin Dougiamas (http://dougiamas.com)
 * @license    http://www.gnu.org/copyleft/gpl.html GNU GPL v3 or late
 */

    if (!file_exists('./config.php')) {
        header('Location: install.php');
        die;
    }

    require_once('config.php');
    require_once($CFG->dirroot .'/course/lib.php');
    require_once($CFG->libdir .'/filelib.php');

    redirect_if_major_upgrade_required();

    $urlparams = array();
    if (!empty($CFG->defaulthomepage) && ($CFG->defaulthomepage == HOM
        $urlparams['redirect'] = 0;
    }
    $PAGE->set_url('/', $urlparams);
    $PAGE->set_course($SITE);
```

Figura. 7.6.

En la siguiente tabla se muestra el *software* específico para lenguajes de programación enfocados hacia la realización de aplicaciones web:

Software	Lenguajes soportados que documenta			
	Php	Perl	Python	Javascript
Doc-O-Matic https://www.doc-o-matic.com/	SÍ	NO	NO	SÍ
Doxygen https://www.doxygen.nl/	SÍ	NO	SÍ	NO
phpDocumentor https://www.phpdoc.org/	SÍ	NO	NO	NO
ROBODoc https://rfsber.home.xs4all.nl/Robo/	SÍ	SÍ	NO	SÍ

Fuente: http://es.wikipedia.org/wiki/Anexo:Comparativa_de_generadores_de_documentaci%C 3%B3n

7.7.2. Documentación de código

Como se ha mencionado en apartados anteriores, la documentación del código de cualquier programa, y por extensión de las librerías, rutinas y demás procesos y algoritmos, deben estar constantemente actualizada. Es decir, si un algoritmo, rutina, función, variable, etc., se ha modificado, debe modificarse o adecuarse convenientemente el comentario indicando qué se ha realizado o, en última instancia, reconstruir el comentario.

Podrían dividirse los comentarios de la siguiente manera:

- **Prólogo**: un comentario de bloque delimita una zona del código fuente en la cual es permitido expandirse a varias líneas de texto. Es habitual en todos los programas y librerías o rutinas en los que exista un bloque o prólogo indicando información sobre el programa o rutina.

- **Pseudocódigo**: es utilizar los comentarios para indicar qué hace de forma escueta un algoritmo, una función. Por ejemplo, antes de empezar una función indicar qué entradas son las que se tendrán en cuenta y qué resultado se obtendrá o qué valor devuelve. Esto permite simplificar el proceso de revisión al permitir la comparación directa del código con los resultados previstos.

- **Descripción de código**: los comentarios pueden ser utilizados para resumir el código generado o explicar la intencionalidad del programador. En ocasiones, para no perderse en el entendimiento de, por ejemplo, un algoritmo, se desarrolla una literatura en la que queda reflejado qué pretende hacer el programador. Con la máxima de "no documentes mal el código, reescríbelo" se pretende que el programador escriba, en un lenguaje natural, lo que quiere decir el código representado.

- **Descripción algorítmica**: a veces, el código fuente contiene una solución novedosa digna de mencionarse a un problema específico. En estos casos, los comentarios pueden contener una explicación de la metodología. Estas explicaciones pueden incluir diagramas y pruebas matemáticas formales (documentación formal de algoritmos) y se parece a la nomenclatura matemática de la teoría de conjuntos. Esto puede ser la explicación del código, y otros encargados del mantenimiento del código pueden encontrar fundamental esta explicación.

- **Depuración**: una práctica común entre programadores es comentar un fragmento de código, es decir, agregar delimitadores de modo que un bloque de código se convierta en un comentario, y por tanto, no se ejecutará en el programa final. ¿Qué se pretende? Forzar un error para comprobar su comportamiento, porque no hay seguridad de que el código comentado cumpla la función para la que fue diseñado.

7.8. Buenas prácticas en documentación

BPD son las siglas de buenas prácticas en documentación. Cuando se diseña un proyecto como es una aplicación web por ir más rápido en la finalización del proyecto, entendiendo como tal solo la propia aplicación, se deja de lado toda la parte documental porque parece que no es parte integrante del proyecto.

La documentación, al no ir en paralelo al desarrollo del proyecto, queda "coja".

¿Por qué? Porque se debe "repasar" todo el proyecto desarrollado para ir realizando la documentación. Además, si esta documentación queda en manos de una persona no preparada o ajena al proyecto, será pobre.

Se debe considerar que la documentación es la piedra angular de un sistema de calidad y debe realizarse en paralelo al desarrollo de la aplicación web.

Las buenas prácticas de documentación (BPD) son críticas para el éxito de un proyecto en una organización regulada. Aplicada a través de un plan de gestión de documentos en concordancia con procedimientos estándar de operación (PEO), las BPD se desarrollan en cascada a lo largo de una organización para permitir que se realicen entradas correctas y consistentes en la documentación.

Con el uso de las BPD se puede lograr estandarizar y regularizar ciertas actividades, disminuir el riesgo de error, optimizar el tiempo productivo, lograr que exista un aumento en la eficacia de la organización de los documentos, que se disminuyan los esfuerzos asociados a los cumplimientos de los distintos marcos regulatorios, que se aumenten la eficacia y el alcance de la capacitación del personal y la eficiencia y productividad, así como facilitar la comunicación en cualquier vía.

Existen muchas maneras de presentar un documento, estas pueden ser en forma de papel, vídeo, formas digitales, fotografías u otros. Las razones para documentar van desde facilitar la comunicación y hacerla más precisa y menos ambigua hasta ayudar a la toma de decisiones.

¿Cuál es el objetivo de las BPD? Se pretenden definir controles que permitan prevenir errores de comunicación, asegurando así que el personal siga los procedimientos correspondientes; paralelamente, la aplicación de las BPD facilita la trazabilidad de los productos. Esto permitirá contar la historia de un producto, es decir, permite reconstruir paso a paso desde la recepción del proyecto previo pasando por el proceso de desarrollo hasta llegar a la implementación en el destino que elija el destinatario del producto.

Es importante recalcar que la documentación implica a todo el personal de una organización y es por ello por lo que todos deben conocer y respetar las reglas de la documentación para tener un sistema de calidad.

Saber a quién va dirigido un documento ayuda a determinar el contenido, estructura y cantidad de detalle incluido. Es por ello por lo que la documentación se ha vuelto un aspecto clave dentro de las organizaciones.

Concluyendo. Con las BPD se logra:

- Aumentar la eficacia en la organización de los documentos.
- Disminuir los esfuerzos asociados a los cumplimientos de los distintos marcos regulatorios.
- Eventual eliminación de algunas auditorías.
- Aumentar la eficacia y alcance de la capacitación del personal.
- Aumentar la eficiencia y productividad.
- Facilitar la comunicación.

7.8.1. Actualizaciones de documentación

Si algo está íntimamente ligado a la BPD es la actualización de la documentación. Esta tiene que estar actualizada constantemente, así como tiene que existir una estrategia de copias de seguridad que impida perder el trabajo realizado durante un periodo de tiempo.

De igual manera, si la documentación está centralizada, debe tenerse en cuenta la contingencia de caída de servidor, teniendo preparado un segundo servidor que se active en caso de caída del servidor principal.

¿Cómo se consigue esto? Teniendo, al menos, dos servidores. Uno actúa de servidor maestro y otro de esclavo. El esclavo solo tiene la misión de actualizar su contenido con el contenido del servidor maestro. Cuando el servidor maestro se cae por fallo técnico, bien por *software,* o bien por *hardware*, el servidor esclavo ocupa el lugar del servidor maestro. Esto dará tiempo a reparar el servidor maestro. Después se tomará la decisión de si el esclavo se convierte en maestro y el maestro en esclavo. En cualquier caso, se debe activar el protocolo de actualización de parte del servidor maestro dañado con el contenido del esclavo.

7.8.2. Documentación colaborativa mediante wikis

Cualquier equipo de personas que tienen un objetivo común, es el caso de un equipo desarrollador de un proyecto, deben tener una comunicación fluida y constante. En ocasiones, es difícil cumplir con este requisito porque no todos los miembros del grupo están ubicados en el mismo lugar físico.

Para cumplir con la premisa de que un grupo tiene que estar comunicado aunque no estén en contacto físicamente en el mismo lugar, se acuñó el término inglés *groupware* que hace referencia a métodos y herramientas de *software* que facilitan el trabajo en grupo, mejorando su rendimiento y contribuyendo a que personas que están localizadas en puntos geográficos diferentes puedan trabajar a la vez, ya sea directamente o de forma anónima, a través de las redes.

Ya se pueden tener grupos que se comunican en un mismo punto físico y grupos virtuales que están comunicados a través de las redes.

A partir de este punto, empieza el concepto de grupo colaborativo. Hoy en día la colaboración grupal se está convirtiendo en un elemento cada vez más importante de la economía.

En cuanto al *software* colaborativo, hay distintas opciones, pero en lo relativo a documentación sin duda hace referencia al *software* denominado *wiki*.

La principal utilidad de un *wiki* es que permite crear y mejorar las páginas de forma inmediata, dando una gran libertad al usuario, y por medio de una interfaz muy simple. Esto hace que más gente participe en su modificación, a diferencia de los sistemas tradicionales, donde resulta más difícil que los usuarios del sitio contribuyan a mejorarlo.

Figura. 7.7.

Dada la gran rapidez con la que se actualizan los contenidos, la palabra *wiki* adopta todo su sentido. El "documento" de hipertexto resultante, denominado también *wiki,* lo produce típicamente una comunidad de usuarios.

Para construir una *wiki* en un servidor web, podemos o bien contratarlo, o bien construirlo, o bien utilizar un paquete e instalarlo en un servidor.

Para adiestrarse en el manejo y ver la utilidad, puede accederse a la página de DocuWiki y darse de alta (https://www.dokuwiki.org/) y enseguida podremos trabajar y conocer las ventajas e inconvenientes, que los hay, de esta herramienta.

También podemos instalar en un servidor web una aplicación web ya construida como es MediaWiki (https://www.mediawiki.org/wiki/MediaWiki). En la Figura 7.7 se presenta el logotipo de MediaWiki.

7.8.3. Uso de herramientas multimedia. Videotutoriales

Los archivos multimedia pueden ser parte integrante de la documentación del proyecto. Hoy en día se trabaja mucho con la comunicación visual más que la comunicación escrita. El usuario de Internet, en general, prescinde de leer si no observa nada en la web que le atraiga: un diseño de la página atractiva, una imagen alegórica del contenido, una pequeña película con HTML5, etc. Si se consigue atraer al visitante web, entonces leerá el contenido porque se ha atraído su curiosidad.

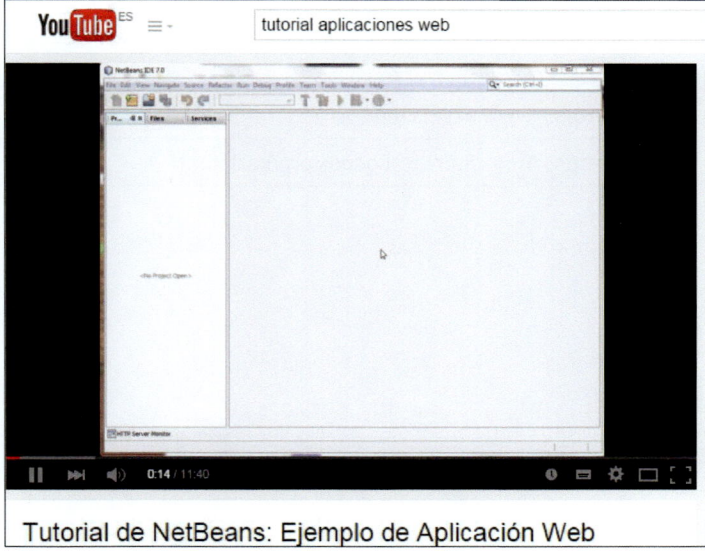

Figura. 7.8.

Poniendo un ejemplo: habitualmente en la documentación de usuario se explica cómo realizar una tarea. Esta instrucción empieza con algo así: *Ve al menú principal. Selecciona la opción clientes, después la op... Una vez introducidos los datos acceder a...* Hay que estar atentos a lo que se está leyendo y realizar los pasos que nos indica el manual de usuario y, simultáneamente, seguir dichos pasos en la aplicación. Es decir, quitar la vista del manual e intentar interpretarlo realizando los pasos en la propia aplicación, y vuelta a leer el manual donde se ha pausado. Al final, parece que se pierde mucho tiempo.

La documentación de usuario en formato digital y, más concretamente, a través del navegador web, permite incrustar película. Es posible incrustar vídeos indicando cómo se realizan según qué acciones y procesos que se desean realizar.

Actualmente, hay herramientas que graban todas las acciones que se ejecutan en un equipo. Esto permite ser más preciso a la hora de explicar cómo se lleva a cabo un proceso específico en la aplicación web.

Para realizar videotutoriales hay bastantes herramientas que permiten diversas funcionalidades. Pero la más importante, capturar las acciones en el monitor o pantalla es, en este caso, la más importante.

Herramientas	
Nombre	**Website**
HyperCam	https://www.solveigmm.com/en/products/hypercam/
Camstudio	https://camstudio.org/
Ezvid	https://www.ezvid.com/
Freeseer	https://freeseer.readthedocs.org/en/latest/

ACTIVIDADES

7.1. **Los usuarios que utilizan una aplicación web deben…**

a. Disponer de la documentación informando de las características y funcionalidades de dicha aplicación.

b. Disponer de una ayuda y seguimiento sobre la aplicación.

c. Disponer de un manual de usuario.

d. Disponer de un enlace al sitio del proveedor con la documentación.

7.2. **¿Cómo debe ser entregada la documentación?**

a. En papel.

b. Acceso a través de Internet.

c. En formato legible por los navegadores con copia al cliente.

d. A través de una plataforma del proveedor.

7.3. **Cualquier aplicación tiene un ciclo de vida. Indica si es verdadero o falso.**

a. Verdadero.

b. Falso.

7.4. **En el momento del diseño de la documentación, debe tenerse en cuenta…**

a. El diseño del documento.

b. Que sea atractivo para el cliente.

c. Huir de tecnicismos.

d. Ser claro en sus expresiones y eficiente en las búsquedas.

7.5. **Con el fin de tener una documentación clara, debe crearse…**

a. Una plantilla con un formato y estructura idéntica en todos los documentos.

b. Separar las plantillas dependiendo a qué departamento y roles se dirijan.

c. Separar las plantillas por departamento.

d. Separar las plantillas por roles.

7.6. **La documentación, una vez terminada la aplicación, debe…**

a. Cerrarse.

b. Mantenerla viva y modificarla en función de los cambios que se produzcan en la aplicación.

c. Se mantiene viva, pero en futuras versiones.

d. Solo se mantiene viva en la web del fabricante.

7.7. **En la documentación qué es lo menos importante.**

a. El léxico utilizado.

b. La organización.

c. El diseño.

d. Expresiones sencillas y didácticas.

7.8. **Para empezar un proyecto, ¿qué debe definirse primero?**

a. Perfilar los objetivos a los que se aspira llegar.

b. Conocer el negocio del destino de la aplicación.

c. Informarse de los requisitos demandados por el destinatario final.

d. Conocer cómo trabajan los usuarios del destinatario final.

7.9. **Un ejemplo de plantilla de documentación sería…**

a. Definir los objetivos.

b. Definir el entorno de trabajo.

c. Definir los requerimientos.

d. Definir los perfiles de los destinatarios.

7.10. **Si se intenta definir requerimientos del destino de la aplicación, ¿qué herramienta puede utilizarse para empezar?**

a. Estudio de mercado.

b. Intercambios o tormenta de ideas.

c. Organigrama del proyecto.

d. Definir las herramientas de trabajo.

7.11. **¿Es posible crear documentación y colgarla en un sitio web?**

a. Sí, pero necesitará de una segunda herramienta, tipo FTP, para subirlo o actualizarlo.

b. Sí, hay herramientas que, aparte de la edición, permite transferir el archivo modificado en un sitio web determinado.

c. No, no hay herramientas ofimáticas que realicen ambas funciones.

d. No, porque no es compatible los documentos en procesadores de textos con servicios web.

7.12. Para organizar la documentación en una plataforma debe existir...

a. Un acceso común a todos los integrantes, sin restricciones.

b. Debe estar gestionado por un miembro del equipo.

c. Debe estar gestionado por un miembro externo que sea gestor de documentación.

d. Organizar los usuarios que, dependiendo de su responsabilidad (roles), ejerzan sus funciones en la plataforma de gestión.

7.13. ¿Qué elemento no debe estar incluido o no es necesario incluir en la documentación que se entrega al interesado?

a. Ficheros de ayuda.

b. Comentarios en los programas.

c. Ayuda incorporada en la aplicación.

d. Tutoriales multimedia.

7.14. De las estructuras básica de los documentos, ¿qué opción no corresponde a la estructura?

a. Caracteres de presentación.

b. Roles de los miembros de los equipos.

c. Fuente de texto.

d. Imágenes.

7.15. En la gestión de los documentos debe...

a. Existir copias de seguridad.

b. Cumplir con los requerimientos exigidos por el coordinador.

c. Participar el cliente en su confección.

d. Acceder los clientes y dar su visto bueno.

7.16. ¿Qué tipo de lenguaje debe utilizarse en la documentación dirigida al usuario final?

a. De carácter técnico.

b. De carácter natural.

c. De carácter resumido.

d. De carácter mixto.

7.17. ¿Qué beneficio se obtiene de la documentación si está bien organizada?

a. Control de los miembros del proyecto.

b. Gestión de la información para el cliente final.

c. Cumplir con las instituciones que gestionan los estándares ISO.

d. Mejor control de proyectos complejos.

7.18. **¿Qué problema puede encontrarse el equipo en el proceso de la documentación?**

a. Fallos en las fuentes de datos.

b. Fallos en la aplicación.

c. Fallos en los servidores de la aplicación.

d. Errores de sintaxis.

7.19. **En la documentación de ayuda al usuario final, ¿qué no debe entregarse al interesado?**

a. Documentos multimedia.

b. Imágenes complementarias.

c. Ayuda en línea.

d. Documentación técnica.

7.20. **Las herramientas *software* de control de versiones realiza tareas automatizadas de resolución de conflictos invalidando las incongruencias. Indica si es verdadero o falso.**

a. Verdadero.

b. Falso.

ACTIVIDAD PRÁCTICA

Realizar la documentación técnica y de usuario de una aplicación web desarrollada por el alumnado. Solo de las aplicaciones propiamente dichas.

Anexo I
Evaluación de las pruebas

A continuación, se muestra una serie de recomendaciones encaminadas a cumplir con la legislación vigente sobre tratamiento de la información manteniendo la confidencialidad de los datos sensibles que maneje la organización tanto en la fase de pruebas como en la fase de producción.

Sistema de tratamiento	Comprobaciones que se deben realizar	Nivel
Todos	¿La clasificación del nivel de seguridad es adecuada respecto a la naturaleza de la información contenida en cada uno de los ficheros y su finalidad?	Básico
	¿Se han creado, modificado o suprimido ficheros con datos de carácter personal desde la última auditoría?	
Encargado del tratamiento		
Todos	¿Se realiza el tratamiento por persona distinta al responsable del fichero?, ¿se ha formalizado mediante contrato conforme a lo establecido en el artículo 12 de la LOPD y artículos 20 a 22 del RLOPD?	Básico
	Si la realización de este encargo se realiza en los locales del responsable, ¿se ha hecho constar esta circunstancia en el documento de seguridad?, ¿consta por escrito en el contrato el compromiso del personal del encargado de tratamiento respecto al cumplimiento de las medidas de seguridad recogidas en el documento de seguridad del responsable?	
	Cuando el tratamiento se realiza mediante acceso remoto a los sistemas del responsable, ¿se ha establecido alguna limitación a la incorporación de los datos a sistemas o soportes distintos de los del responsable?, ¿se ha hecho constar tal circunstancia en el documento de seguridad del responsable?	
	Si la prestación se hace en locales propios del encargado de tratamiento (distintos de los del responsable) ¿ha elaborado el encargado el documento de seguridad?, ¿identifica el fichero o tratamiento y el responsable del mismo?, ¿detalla las medidas de seguridad que se van a implementar en relación con su tratamiento?	
Prestación de servicio sin acceso a datos personales		
Todos	Si el tratamiento no afecta a datos personales, ¿se han adoptado las medidas necesarias para limitar el acceso del personal a los datos personales, soportes y recursos?	Básico
	Si se trata de personal ajeno, ¿recoge el contrato la prohibición expresa de acceder a los datos personales, así como la obligación de secreto respecto a los datos que hubieran podido conocer con motivo de la prestación de servicio?	

Delegación de autorizaciones		
Todos	¿Se han delegado las autorizaciones que el Reglamento atribuye al responsable en otras personas?, ¿se han hecho constar en el documento de seguridad las personas habilitadas para otorgar estas autorizaciones y las personas en quienes recae dicha delegación?	Básico
Régimen de trabajo fuera de los locales de la ubicación del fichero		
Todos	El almacenamiento de datos personales en dispositivos portátiles o los tratamientos fuera de los locales del responsable o del encargado ¿han sido autorizados expresamente por el responsable del fichero?, ¿consta dicha autorización en el documento de seguridad?	Básico
	¿Se garantiza el nivel de seguridad correspondiente al tipo de fichero tratado?	
Ficheros temporales o copias de trabajo de documentos		
Todos	¿Cumplen el nivel de seguridad correspondiente?	Básico
	¿Se han destruido o borrado cuando ya no han sido necesarios para los fines que motivaron su creación?	
Documento de seguridad		
Todos	¿Ha elaborado el responsable del fichero el documento de seguridad?	Básico
	¿Contiene los aspectos mínimos exigidos por el Reglamento?	
	¿Está el documento actualizado?, ¿se ha revisado cuando se han producido cambios relevantes desde la auditoría anterior?	
	¿Está su contenido adecuado a la normativa vigente en este momento en materia de seguridad de los datos de carácter personal?	
	¿Se ha indicado con qué periodicidad se deben cambiar las contraseñas?, ¿es inferior o igual a un año?	
	¿Se especifica cuál es el personal autorizado para la concesión, alteración o anulación de accesos autorizados sobre datos o recursos?	
	¿Se especifica cuál es el personal autorizado para acceder a los lugares donde se almacenan los soportes informáticos?	
	Si el tratamiento se realiza por cuenta de terceros, ¿se han reflejado los ficheros afectados por el encargo, con referencia expresa al contrato, así como la identificación del responsable y el periodo de vigencia?	

Todos	¿Se ha reflejado en el documento de seguridad si los datos personales se incorporan y tratan exclusivamente en los sistemas del encargado?	Básico
	¿Se ha delegado en el encargado del tratamiento la llevanza del documento de seguridad para los ficheros objeto del contrato?, ¿se ha reflejado esta circunstancia en el contrato?	
	¿Especifica qué medidas hay que adoptar en caso de desechado o reutilización de soportes?	
	¿Establece la identidad del responsable o responsables de seguridad?, ¿se especifica si la designación es única para todos los ficheros o está diferenciada según el sistema de tratamiento utilizado?	Medio
	¿Contiene los procedimientos y controles periódicos que se deben realizar para verificar el cumplimento de lo dispuesto en el propio documento?	
	¿Relaciona las personas que están autorizadas a acceder físicamente a los locales donde se ubican los sistemas de información?	

Funciones y obligaciones del personal

Todos	¿Están las funciones y obligaciones del personal con acceso a datos de carácter personal y los sistemas de información claramente definidas?	Básico
	¿Están documentadas y reflejadas en el documento de seguridad?	
	¿Se han definido las funciones de control o autorizaciones delegadas por el responsable del fichero?	
	¿Conoce el personal las medidas de seguridad que afectan al desarrollo de sus funciones?	
	¿Conoce las consecuencias de su incumplimiento?	

Registro de incidencias

Todos	¿Existe un procedimiento de notificación y gestión de incidencias de seguridad?, ¿el procedimiento está bien diseñado y es eficaz?	Básico
	¿Conoce todo el personal afectado dicho procedimiento?	
	¿Existe un registro de incidencias donde se reflejen todos los datos exigidos en el Reglamento?, ¿se han registrado todas las incidencias ocurridas?	
	¿Se revisa periódicamente el registro de incidencias para su análisis y adopción de medidas correctoras de las incidencias anotadas?	

Automatizado	¿Se han anotado las ejecuciones de los procedimientos de recuperación de datos realizados?	Medio
	¿Figuran en estas anotaciones los datos exigidos por el Reglamento?	
	¿Existe la autorización por escrito del responsable del fichero?	
Control de acceso		
Todos	¿Los accesos autorizados de los usuarios se corresponden exclusivamente con los datos y recursos que precisan para el desarrollo de sus funciones?	Básico
	¿Existen mecanismos que impidan que los usuarios accedan a datos o recursos distintos de los autorizados?	
	¿Existe una relación de usuarios? ¿Especifica qué datos y recursos tiene autorizados para cada uno de ellos? ¿Está actualizada?	
	¿La concesión, alteración o anulación de accesos autorizados sobre datos y recursos la realiza exclusivamente el personal autorizado para ello en el documento de seguridad?	
	¿Ha establecido el responsable del fichero los criterios conforme a los cuales se otorga la autorización de los accesos a los datos y a los recursos?	
	El personal ajeno al responsable que tiene acceso a los datos y recursos de este ¿se encuentra sometido a las mismas condiciones y obligaciones que el personal propio?	
Automatizado	¿El acceso a los locales donde se encuentran ubicados los sistemas de información se realiza exclusivamente por el personal autorizado en el documento de seguridad?	Medio
No automatizado	¿Se encuentran los archivadores u otros elementos de almacenamiento en áreas de acceso restringido dotadas de sistemas de apertura mediante llave u otro dispositivo equivalente?, ¿están cerradas estas áreas mientras no sea preciso el acceso a los documentos incluidos en el fichero?	Alto
	Si los locales del responsable no permiten disponer de un área de acceso restringido, ¿ha adoptado el responsable medidas alternativas?, ¿se ha hecho constar esta circunstancia en el documento de seguridad?, ¿se ha motivado adecuadamente?	

Gestión de soportes y documentos		
Todos	¿Está identificado el tipo de información contenido en el soporte o documento?	Básico
	¿Existe y se mantiene un inventario de soportes?	
	¿Se almacenan los soportes o documentos en lugares de acceso restringido?	
	¿Existen mecanismos por los que solamente puedan acceder las personas autorizadas en el documento de seguridad?, ¿funcionan adecuadamente estos mecanismos?	
	¿Se ha dejado constancia en el documento de seguridad, si fuera el caso, de la imposibilidad de cumplir con las obligaciones establecidas en el Reglamento sobre identificación, inventariado y acceso a los soportes dadas sus características físicas?	
	¿La salida de soportes y documentos fuera de los locales donde se ubica el fichero está siendo autorizada por el responsable del fichero o está debidamente autorizada en el documento de seguridad?	
	¿Se están tomando las medidas adecuadas en el traslado de documentación para evitar la sustracción, pérdida o acceso indebido durante su transporte?	
	Cuando se desecha un soporte o documento conteniendo datos de carácter personal ¿se adoptan las medidas adecuadas para evitar el acceso a la información o su recuperación posterior cuando se procede a su destrucción o borrado?, ¿son adecuadas estas medidas?	
	¿Se dan de baja en el inventario estos soportes o documentos desechados?	
	Para los soportes con datos de carácter personal considerados especialmente sensibles por la organización ¿se utilizan sistemas de etiquetado que permitan la identificación de su contenido a las personas autorizadas y dificulten su identificación al resto? ¿Son adecuados y cumplen su finalidad?	
	¿Existe un registro de entrada de soportes o documentos? ¿Y un registro de salida?	Medio
	¿Contienen estos registros de entrada y salida de soportes toda la información exigida en el Reglamento?	
	¿Las personas encargadas de la recepción y la entrega de soportes están debidamente autorizadas? ¿Consta en el documento de seguridad dicha autorización?	
	¿Se han anotado todas las entradas y salidas de soportes?	

Automatizado	¿Se utilizan sistemas de etiquetado que permitan la identificación de su contenido a las personas autorizadas y dificulten su identificación al resto? ¿Son adecuados y cumplen su finalidad?	
	¿La distribución de soportes se realiza de forma cifrada o por otro mecanismo que garantice que no sea inteligible o manipulable durante el transporte?	
	¿Se cifran los datos en los dispositivos portátiles cuando estos salen de las instalaciones del responsable del fichero?	
	Si fuera imprescindible el tratamiento de datos en dispositivos portátiles que no permitan el cifrado de datos ¿se ha hecho constar motivadamente en el documento de seguridad?, ¿se han adoptado medidas para minimizar los riesgos derivados de este tratamiento en entornos desprotegidos?, ¿son adecuadas?	Alto
No Automatizado	¿Se adoptan medidas que impidan el acceso o manipulación de la información en los casos de traslado físico de la documentación contenida en un fichero?, ¿son apropiadas estas medidas?	
	La generación de copias o reproducción de documentos ¿se realiza exclusivamente por el personal autorizado en el documento de seguridad?	
	¿Se destruyen las copias o reproducciones desechadas de forma que no se pueda acceder a la información contenida en las mismas?	
Identificación y autenticación		
Automatizado	¿Existe una relación de usuarios con acceso autorizado?, ¿se mantiene actualizada?	
	¿Existen procedimientos de identificación y autenticación para dicho acceso?, ¿garantiza la correcta identificación del usuario?	
	El mecanismo de acceso y verificación de autorización de los usuarios ¿les identifica de forma inequívoca y personalizada?	Básico
	¿Existe un procedimiento de asignación, distribución y almacenamiento de contraseñas?, ¿garantiza su confidencialidad e integridad?	
	¿Se cambian las contraseñas con la periodicidad establecida en el documento de seguridad?	
	¿Se almacenan las contraseñas de forma ininteligible mientras están en vigor?	
	¿Se limita el intento reiterado de acceso no autorizado al sistema?, ¿se anotan estos intentos en el registro de incidencias?	Medio

	Copias de respaldo y recuperación	
Automatizado	¿El responsable del fichero ha definido los procedimientos de realización de copias de respaldo y recuperación de los datos?, ¿es adecuada esta definición?	Básico
	¿Están reflejados estos procedimientos en el documento de seguridad?	
	¿Ha verificado el responsable del fichero la correcta aplicación de estos procedimientos?, ¿realiza esta verificación cada seis meses?	
	¿Garantizan los procedimientos establecidos la reconstrucción de los datos al estado en que se encontraban antes de producirse la pérdida o destrucción?	
	Si esta pérdida o destrucción afecta a ficheros parcialmente automatizados, ¿se ha procedido a grabar manualmente los datos?, ¿queda constancia motivada de este hecho en el documento de seguridad?	
	¿Se realizan copias de respaldo al menos semanalmente? Si no es así, ¿se debe a que no ha habido actualizaciones en ese periodo?	
	¿Las pruebas previas a la implantación o modificación de los sistemas de información se realizan con datos reales? En caso afirmativo, ¿se están aplicando las mismas medidas de seguridad que las que le corresponde por la naturaleza de los datos que contiene?, ¿se anota su realización en el documento de seguridad? ¿Se hacen copias de seguridad previas a la realización de pruebas con datos reales?	
	¿Se conserva una copia de respaldo y de los procedimientos de recuperación de datos en lugar diferente al de los equipos que los tratan?	Alto
	¿Cumple este lugar las medidas de seguridad exigidas en el Reglamento?	
	Registro de accesos	
Automatizado	¿Existe el registro de accesos? En caso negativo ¿concurren en el responsable algunas de las circunstancias que le eximen de este requisito? ¿Se ha hecho constar en el documento de seguridad?	Alto
	¿Se está recogiendo en este registro la información mínima exigida en el Reglamento?	
	¿Los mecanismos que permiten el registro de estos accesos están directamente bajo el control del responsable de seguridad?	

Automatizado	¿Existe la posibilidad de desactivar estos mecanismos?	Alto
	¿Se conservan los datos registrados por un periodo mínimo de dos años?	
	¿Revisa el responsable de seguridad periódicamente la información registrada?	
	¿Realiza el responsable de seguridad un informe, al menos mensualmente, con el resultado de las revisiones realizadas y los problemas detectados?	
No automatizado	¿El acceso a la documentación se realiza exclusivamente por personal autorizado?	
	¿Existen mecanismos para identificar los accesos realizados cuando los documentos son utilizados por múltiples usuarios?	
	¿Se ha establecido un procedimiento para registrar el acceso de personas no incluidas en el caso anterior?, ¿es adecuado?	

Acceso a datos a través de redes de comunicaciones		
Automatizado	¿Los accesos a datos mediante redes de comunicaciones garantizan un nivel de seguridad equivalente a los accesos en modo local?	Básico
	¿La transmisión de datos a través de redes se realiza de forma cifrada (o por cualquier otro mecanismo que garantice que la información no sea inteligible ni manipulada por terceros)?, ¿este mecanismo de cifrado es eficaz?	Alto

Auditoría		
Todos	¿Se realiza la actual auditoría en el plazo establecido desde la anterior?	Medio
	Si ha habido modificaciones sustanciales en el sistema de información, ¿se ha realizado a continuación una auditoría para verificar la adaptación, adecuación y eficacia de las medidas de seguridad?	
	¿Los informes de las auditorías anteriores incluían los datos, hechos y observaciones en los que se basaban sus dictámenes?	
	Se han implementado las medidas correctoras propuestas por auditorías anteriores?, ¿han sido eficaces y han corregido las deficiencias encontradas?	

Criterios de archivo		
No automatizados	¿Existe legislación específica con criterios para el archivo de soportes o documentos?, ¿garantizan estos criterios la conservación de documentos la localización y consulta de la información? ¿Posibilitan el ejercicio de los derechos de oposición, acceso, rectificación y cancelación?	Básico
	En caso de no existir legislación específica ¿ha establecido el responsable del fichero los criterios y procedimientos de actuación para el archivo de documentos?, ¿es adecuado este procedimiento?	
Almacenamiento de la información		
No automatizados	Los dispositivos de almacenamiento de documentos disponen de mecanismos que obstaculicen su apertura? Si sus características físicas no permiten adoptar esta medida, ¿ha adoptado el responsable medidas que impidan el acceso de personas no autorizadas?	Básico
Custodia de soportes		
No automatizados	¿Se custodia correctamente la documentación cuando esta no se encuentra archivada en los dispositivos de almacenamiento por estar en revisión o tramitación?, ¿se impide en todo momento que sea accedida por persona no autorizada?	Básico

Fuente: Agencia Española de Protección de Datos.

Anexo II

Herramientas *software* para la gestión de control de versiones.

Modelo cliente-servidor o centralizado		
Software	**Breve descripción**	**Web**
Subversion (SVN)	Es una herramienta de control de versiones *open source* basada en un repositorio. Su mecanismo de funcionamiento es similar a un sistema de archivos.	https://subversion.a pache.org/
CVS	**Concurrent Versions System** es una aplicación informática que implementa un sistema de control de versiones. Mantiene el registro de todo el trabajo y los cambios en los ficheros que forman un proyecto y permite que distintos desarrolladores colaboren.	https://www.cvsho me.org/
Modelo distribuido		
Software	**Breve descripción**	**Web**
GIT	Escrito en una combinación de Perl, C y varios *scripts* de *shell*, estuvo diseñado por Linus Torvalds según las necesidades del proyecto del *kernel* de Linux; con los requisitos de descentralización, rápido, flexible y robusto.	https://git- scm.com/
Mercurial	Escrito en Python como un recambio en *software* libre de Bitkeeper; descentralizado, que pretende ser rápido, ligero, portable y fácil de usar.	https://www.mercurial-scm.org/
Monotone	Es una herramienta *software* de fuente abierta para control distribuido de versiones.	https://www.monot one.ca/
Bazaar	Sistema de control de versiones distribuido y patrocinado por Canonical Ltd., diseñado para facilitar la contribución en proyectos de *software* libre y *open source*.	https://launchpad.net/bzr